Teil 1
Lotosblüte

1 | Anflug

»Bremsraketen zünden!«, brüllte Jean. »Volle Kraft!«

Ines schrie zurück: »Versuch ich ja, Käpt'n! Die Steuerung ist tot. Nichts reagiert!«

Mit einem Höllentempo durchpflügte das Raumschiff die Atmosphäre des Planeten Pitcairn. Draußen zischte die Luft mit ohrenbetäubendem Tosen vorbei. Die Außenhaut begann zu glühen, im Cockpit wurde es schon unangenehm heiß. Jean bearbeitete hastig die Kontrollen.

»So, Sekundärsystem aktiviert. Wenigstens die Steuerdüsen sollten jetzt wieder funktionieren. Reicht dir das, Ines?«

»Ich hoffe!« Die Pilotin atmete auf, als die Steuerung wieder ansprach. »Ohne die Haupttriebwerke muss ich aerodynamisch herunterbremsen und über den Anstellwinkel steuern. Es wird etwas holprig werden, aber ich werde uns schon ...«

Ihr verschlug es die Sprache, als die enormen *g*-Kräfte sie in ihren Sitz pressten. Laufend korrigierte sie die Fluglage. Sie musste sich auf ihr Fingerspitzengefühl verlassen, für einen computergesteuerten Anflug fehlten die Daten. Der Systemausfall hatte einen Großteil der Sensoren lahmgelegt.

Nach bangen Minuten rief Jean: »Die Oberfläche!«

Sie rasten über zerklüftetes Bergland, bis endlich ihr Ziel in Sicht kam, der Stützpunkt *Pitcairn 1,* der am Rand einer kahlen Ebene lag. Im näheren Umkreis des Gebäudes erkannte Ines zahlreiche geparkte Raumfahrzeuge.

»Ich bremse mit Bodenreibung!« Sie drückte den Steuerknüppel bis zum Anschlag nach vorn. Kreischend schrammten die Landekufen über den Untergrund. »Scheiße, wir sind zu schnell!« Das Schiff streifte eines der Raumschiffe und geriet ins Schleudern. Es drehte sich einige Male, ehe es mit dem Heck voraus ein weiteres Shuttle rammte und zum Stillstand kam.

»Wir sind da, Jean! Wie sieht es aus?«

Der Kommandant rief die anderen Besatzungsmitglieder über den Bordfunk: »Paolo, Shiro, bitte melden! Statusbericht!«

Paolos Stimme tönte aus den Kopfhörern: »Ich bin okay, ich konnte mich gerade noch anschnallen, als der Höllenritt losging. Ist bei euch da vorn alles in Ordnung?«

»Ines und ich haben es überstanden«, antwortete Jean. »Hast du was von Shiro gehört?«

»Nein, sie war nicht bei mir, sie wollte kurz in ihre Kabine.«

»Ich sehe nach.« Ines löste ihren Gurt und lief los. Nach wenigen Schritten erreichte sie die Kabine mit der Aufschrift *Shiro Nakashi*. Die Tür war verklemmt und öffnete sich erst nach kräftigem Rütteln. Drinnen bot sich ein Bild des Grauens. Shiro hatte es nicht mehr geschafft, sich zu sichern. Überall Blut! Bei der Bruchlandung war Shiro kreuz und quer durch die kleine Kammer geschleudert worden. Nun lag sie reglos auf dem Boden. Ines schrie auf: »Shiro! Nein!«, und begann sofort mit der Wiederbelebung. Einen Moment später meldete sich Jean: »Alarm! Brand beim Treibstofftank! Wir müssen raus, in ein paar Minuten geht alles in die Luft!«

»Aber Shiro lebt noch, wir müssen sie mitnehmen!«, keuchte Ines zwischen zwei Beatmungen.

»Vergiss es!«, rief Jean. »Dann sterben wir alle. Scheiße, aber es muss sein. Komm, Ines, mach den Helm zu und lauf!«

Ines verweigerte den Befehl des Kapitäns und versuchte weiterhin verzweifelt, Shiro zu retten. Paolo und Jean zerrten sie aus der Kabine.

Auf dem Gang kam ihnen beißender Qualm entgegen. Ines schloss ihren Helm. Sie blickte zurück und sah züngelnde Flammen. Panisch hetzte sie auf die Ausstiegsluke zu, die Jean inzwischen geöffnet hatte. Er stand schon draußen, winkte ihr zu und rannte los. Ines sprang hinunter und folgte ihm.

Im Funkgerät hörte sie Paolos Stimme: »Verdammter Mist!«

Sie blickte zurück und sah ein klaffendes Loch an Paolos Raumanzug. Jean rief: »Halt durch, Paolo! Du schaffst es!«

»Geht nicht, keine Luft! Lauft weiter, rettet euch. Kümmert – euch – nicht ...«

Der Sauerstoff, der aus Paolos Anzug zischte, traf auf eine glimmende Treibstoffpfütze. Eine riesige Stichflamme züngelte hoch und hüllte Paolo ein. Er brachte noch ein kurzes, gurgelndes Krächzen hervor, ehe er brennend zusammenbrach.

»Nein!« Mit einem lang gezogenen Schrei rannte Ines hinter Jean her, der hinter einem anderen Raumfahrzeug Deckung suchte. Beide stürzten nieder, im nächsten Augenblick explodierte ihr Schiff. Stechender Schmerz durchzuckte Ines' Ohren, denn ihr Helm konnte den donnernden Knall kaum dämpfen. Weitere Detonationen folgten, brennende Trümmer flogen durch die Luft und schlugen auch in ihrer Nähe ein. Sie kauerten sich noch näher an den schützenden Raumschiffsrumpf, bis das grausige Feuerwerk vorüber war.

Ines schluchzte leise. »Sie sind tot. Shiro. Paolo. Alle tot.«

»Ja, verdammt!« Jean kämpfte mit den Tränen und flüsterte: »Welcher Kommandant verliert schon gern seine Crew? Und welcher Mensch verliert schon gern seine Freunde!«

Schweigend saßen sie auf dem Boden, bis sich Jean einen Ruck gab. »Ines, wir müssen weiter, sonst sterben wir auch noch.«

»Wäre das so schlimm? Wäre es nicht besser gewesen, wenn es uns gleich erwischt hätte?«

»Nein!« Jeans Trauer wandelte sich in Wut. »Jetzt reicht es mit den Toten! Dieser Scheißplanet hat uns schon zwei Leute genommen. Nein, den Gefallen tun wir ihm nicht. Wir werden leben! Komm, Ines, wir gehen zum Stützpunkt, hier draußen reicht unser Sauerstoff nicht mehr lang.«

2 | Bedrohung

»Gut!« Ines kam endlich zur Ruhe. Es war ihnen gelungen, die Systeme des leer stehenden Stützpunkts hochzufahren. »Alles da, Lebenserhaltung, Sauerstoff, Strom, Licht.«

»Zumindest hier in der Kommandozentrale«, wandte Jean ein. »Und wer weiß, wie lange! Die ganze Station macht doch einen ziemlich heruntergekommenen Eindruck und die Anzeigen vom Generator wirken auch nicht wirklich vertrauenerweckend.«

»Du hast recht, in den anderen Teilen der Station sieht es ziemlich finster aus. Wir können nur hoffen, dass wir durchhalten, bis wir von hier wegkommen.«

»Das könnte schwierig werden. Unser Raumschiff ist ein Trümmerhaufen, genauso wie die anderen Wracks da draußen.«

»Denen wird es so gegangen sein wie uns. Ausfall der Bordsysteme. Diese verfluchten Ionenstürme! Dass der Zentralstern hier im Eruptor-System zu solchen Hustenanfällen neigt, haben sie uns ja gesagt. Aber dass es so schlimm kommen würde ...«

»Ja, ich hätte den Job doch nicht übernehmen sollen. Es war ein Himmelfahrtskommando.«

»Oder besser gesagt ein Höllenritt, wie Paolo so treffend ...« Ines konnte nicht weitersprechen, sie seufzte tief und murmelte nur: »Ach, Paolo! Shiro!«

Auch Jean atmete schwer. »Ich hätte auf mein Gefühl hören sollen.«

»Und ich habe dir noch zugeredet, den Auftrag anzunehmen!«

»Du hattest ja recht, für diese Bezahlung hätten wir anderswo mindestens drei Einsätze fliegen müssen. Und mit dir hatte ich die beste Pilotin weit und breit an Bord.«

»Aber jetzt sitzen wir hier in einem desolaten Planetenstützpunkt fest und ...«

»Pst!«, unterbrach Jean sie. »Hast du das gehört?«

Ines lauschte und schüttelte den Kopf. »Ich höre nichts. Bist du sicher?«

»Ich weiß nicht ...« Er hielt inne, aus den Gängen ertönte ein fernes Scheppern, wie von einem über den Boden kullernden Blechbehälter.

Ines wagte nicht, zu sprechen. Versteckte sich hier jemand? Hatten sich Piraten oder anderes Gesindel einquartiert? Oder war das ein Tier gewesen?

Sie hörten keine weiteren Geräusche mehr. Beide waren völlig erschöpft, deshalb beschlossen sie, sich in der Zentrale schlafen zu legen. Jean übernahm die erste Wache, sie wollten sich im Zweistundentakt abwechseln. Ines befürchtete, wegen ihrer inneren Unruhe wach zu bleiben, fiel aber binnen weniger Minuten in tiefen Schlaf.

Nach ihrem Empfinden war sie eben erst eingeschlafen, als Jean sie weckte. Ihre erste Wache war furchtbar. Wirre, düstere Gedanken kreisten in ihrem Kopf. Die Lage schien aussichtslos, der Tod ihrer Crewkameraden machte ihr zu schaffen, dazu kam die Angst vor einer unbekannten Bedrohung aus den finsteren Gängen des Stützpunkts. Sie hatte ständig das Gefühl, beobachtet zu werden.

Nach einiger Zeit wurde dieser Eindruck übermächtig. Sie schlich zur geschlossenen Schiebetür, in die oben ein Sichtfenster eingelassen war, und lugte vorsichtig auf den Korridor hinaus. Drinnen wie draußen war es nahezu stockdunkel, doch sie vermeinte, einen Schatten zu erkennen, der sich langsam entfernte. Die geheimnisvolle Erscheinung war groß, sie hätte sogar den hochgewachsenen Jean deutlich überragt. Noch mehr irritierte Ines, dass der schemenhafte Umriss breiter war als hoch. Es war eindeutig kein Mensch.

Als das unheimliche Phänomen verschwunden war, weckte sie Jean und erzählte ihm, was sie gesehen hatte. Er rieb sich schlaftrunken die Augen und sagte: »Du wirst wohl eingenickt sein und das Ganze nur geträumt haben. Unsere Nerven liegen einfach ziemlich blank. Die Geräusche habe ich zwar auch gehört, aber ich vermute eher, dass sich da ein Mensch versteckt.«

Ines glaubte nicht an einen Traum, zu deutlich war das Erlebte gewesen. Die nächsten Wachen verliefen ereignislos, sie waren lediglich langweilig und deprimierend. Auch Jean bemerkte in der Nacht, die auf Pitcairn etwas kürzer war als auf der Erde, nichts Außergewöhnliches mehr.

Am Morgen fühlte sich Ines wie gerädert. Jean hingegen machte einen ausgeruhten Eindruck. Mit entschlossenem Blick rief er aus: »So, jetzt reicht's! Wer auch immer da draußen herumgeistert, den schnappe ich mir!« Zielstrebig hielt er auf eine Ecke der Kommandozentrale zu und schob eine unscheinbare Abdeckklappe zur Seite, wobei eine Zifferntastatur zum Vorschein kam. Er tippte eine längere Zahlenkombination ein, und sofort öffnete sich ein geräumiger Hohlraum, dem Jean ein Lasergewehr von beeindruckender Größe entnahm.

Ines sah ihm zu, schwieg und staunte. Jean bemerkte ihren verwunderten Blick und sagte: »Die geheime Notfall-Waffenkammer! Nur Führungsoffiziere werden darüber informiert. Als ich mein erstes Kommando übernahm, haben sie mir den Code verraten, der fast überall auf Raumschiffen und planetaren Stützpunkten verwendet wird. Ich bin froh, dass er hier auch funktioniert.«

Ines nickte. Jean reichte ihr seine Handwaffe und fuhr fort: »Halt du damit hier die Stellung, ich schaue mich in den Gängen um.«

»Sollten wir nicht besser zu zweit gehen?«

»Lieber nicht, wenn es eine Falle gibt, tappen wir beide hinein, und niemand ist übrig, um den anderen herauszuholen. Ich werde im Raumanzug gehen, damit ich nicht ersticke, wenn die Luftversorgung ausfällt. Ich halte über Helmfunk mit dir Kontakt, wir werden Kanal 32 verwenden.«

Dieser Funkkanal war verschlüsselt, hatte aber den Nachteil, dass er keine Bilder von der Helmkamera übertrug.

Jean ging los und war bald außer Sicht. Kurze Zeit später meldete er sich: »Zuerst sehe ich mir die Vorratsmodule an. Die sind nicht nur für uns lebenswichtig, auch unser Bösewicht muss von etwas leben. Ich könnte ihn also dort erwischen. Hier ist die Beleuchtung verdammt schlecht, ich muss die Helmlampe einschalten. Es sieht ziemlich wüst aus, allerhand Schrott liegt im Gang herum, die Wandverkleidungen sind aufgerissen, überall hängen Kabelstränge heraus. Ein Wunder, das hier überhaupt noch was funktioniert.«

Er schwieg eine Weile, dann flüsterte er: »Ich glaube, da ist was.«

Ines hörte, wie sich seine Schritte beschleunigten. Seine Atmung wurde schneller. Plötzlich durchbrach er das Schweigen mit einem Aufschrei, erfüllt von Entsetzen und Schmerz. Er schrie noch zweimal, dann riss die Verbindung ab.

Ines rief verzweifelt ins Mikrofon: »Käpt'n! Jean! Melde dich! Was ist los? Jean! Jean! Bitte!«

Der Kopfhörer blieb stumm. Mit zitternden Händen umklammerte Ines die Waffe und machte sich auf den Weg. Ängstlich sah sie sich nach allen Seiten um, während sie immer weiter in die düsteren Korridore vordrang. Sie wusste schon längst nicht mehr, welche Abzweigungen sie genommen hatte oder ob sie gar im Kreis gegangen war, als sie im Zugang zu einem Vorratslager erstarrte.

Was für ein grauenhafter Anblick!

Auf dem Boden lag Jean. Sein Raumanzug war zerfetzt und blutüberströmt, der Helm lag daneben, und der Kopf hing in einem unnatürlichen Winkel am Körper. Er schien nahezu abgetrennt zu sein.

Ines brach zusammen. Die Waffe glitt ihr aus der Hand. Auf dem Boden liegend, übergab sie sich, von heftigen Krämpfen geschüttelt. Dann rollte sie sich wie ein Embryo zusammen und stieß schluchzend hervor: »Hol mich, du Teufel! Hol mich doch auch! Ich kann nicht mehr, ich will nicht mehr! Mach ein Ende!«

Doch die Bestie, die Jean so schrecklich zugerichtet hatte, ließ sich nicht blicken. Irgendwann zog sich Ines mehr kriechend als gehend in die Zentrale zurück. Sie schaffte es gerade noch, alle Eingänge zu verriegeln, ehe tiefer, ohnmachtsähnlicher Schlaf sie überwältigte.

3 | Verfolgung

Sie wusste nicht, wie lang sie geschlafen hatte, als sie durch lautes Kratzen und Knirschen an einer der Seitentüren aufgeschreckt wurde. Sie fuhr verwirrt hoch. Erst einige Sekunden später war die Erinnerung an die schrecklichen Ereignisse wieder da. Was konnte sie tun? Sie fühlte sich schutzlos. Jeans Waffen lagen nahe seiner Leiche irgendwo da draußen. Sie griff sich einen herumliegenden langen Schraubenschlüssel, um sich wenigstens irgendwie zur Wehr setzen zu können, warf ihn aber zornig wieder weg, als sie sich an Jeans Verletzungen erinnerte. Gegen so einen Feind kam ihr diese Behelfswaffe nur lächerlich vor.

Das Kratzen hörte auf und machte leiseren Geräuschen Platz, die Ines mit noch größerer Angst erfüllten. Es schien, als hätte jemand draußen die Abdeckplatte heruntergerissen und machte sich am Schließmechanismus der Tür zu schaffen. Sie würde nicht mehr lang standhalten.

Ines öffnete den Ausgang zum Hauptkorridor und rannte hinaus. Sie konnte nur hoffen, dass sie nicht von mehreren Gegnern eingekreist war. Hinter sich hörte sie das Zischen einer sich öffnenden Schiebetür und beschleunigte ihren Lauf. Weil sie noch keinen Lageplan des Stützpunkts im Kopf hatte, wählte sie die Route intuitiv. Einmal wandte sie sich kurz um und sah eine große Gestalt an der Kreuzung auftauchen. Ehe sie Genaueres erkennen konnte, rannte sie weiter.

Endlich fand sie Jean. Sie steckte die Handwaffe ein und packte das Lasergewehr. Dann drehte sie sich um. An der Kreuzung lugte etwas um die Ecke, zog sich aber gleich wieder zurück, als Ines die Stelle unter Beschuss nahm. Ines rief: »Ha, jetzt scheißt du dich einmal an vor Angst. Ich kriege dich!« Sie lief los. An der Kreuzung angekommen, konnte sie noch einen Blick auf ihren fliehenden Gegner erhaschen, vermochte im düsteren Korridor aber keine Einzelheiten zu erkennen. Immerhin hatte sie gesehen, welche Abzweigung der unbekannte Feind genommen hatte, und rannte hinterher.

Nach einer weiteren Biegung hielt sie abrupt an. Das fremde Wesen hatte sich, in eine Sackgasse getrieben, ihr zugewandt. Endlich sah sie, womit sie es zu tun hatte. Es war ein riesiges, insektenähnliches Monster, ähnlich einer graugrünen Heuschrecke. Ines hob langsam das Lasergewehr. Das Ungeheuer rührte sich nicht, gab aber zischende und zirpende Laute von sich. Ines erkannte eine Struktur in den Geräuschen, eine sich wiederholende Abfolge. Es klang wie »N'cht sch'ß'n!«

Ines stutzte. »Nicht schießen!« Konnte dieses Alienmonster sprechen? Ein Impuls, den sie selbst nicht verstand, hielt sie davon ab, sofort eine Salve auf das Untier abzufeuern. Sie hielt die Waffe auf den Kopf des Wesens gerichtet und schrie: »Du hast ihn umgebracht! Du hast ihn zerfleischt! Warum? Was willst du? Ich will Antworten!«

»N'tw'r! Notwehr!«, zirpte das Insekt. »Ich musste ihn töten, um zu überleben.« Die Heuschrecke behauptete in knisternder, aber deutlich verständlicher Sprache, Jean habe ohne Vorwarnung geschossen, sie aber knapp verfehlt, und wies auf einen schwarz verschmorten Fleck an ihrer Flanke. In ihrer Todesangst habe sie sie sofort zugeschlagen, eine zweite Chance hätte sie nicht gehabt.

Ines zweifelte daran, dennoch war sie nach wie vor unfähig zu schießen. Dabei saß die monströse Kreatur in der perfekten Falle. Unmittelbar hinter ihr führte der Ausgang einer Luftschleuse in die giftige Atmosphäre Pitcairns. Wenn das sprechende Heuschreckenmonster draußen lebensfähig gewesen wäre, hätte es längst das Weite gesucht. Ines rief: »Keine Bewegung! Bleib, wo du bist!« Sie trat vorsichtig ein paar Schritte zurück und drückte das massive Innenschott der Luftschleuse zu. Damit saß das Wesen fest.

Ines spürte, wie ihre Anspannung nachließ, nachdem die unmittelbare Gefahr gebannt war. Umso deutlicher wurde ihr ihre Erschöpfung bewusst. Wieder schleppte sie sich zu ihrem Lager in der Kommandozentrale und rollte sich zum Schlafen zusammen.

Ein stechender Schmerz am Bein riss sie aus ihrem Schlummer. Im Reflex schlug sie mit der Hand nach unten und erwischte etwas Pelziges. Ein Tier quiekte auf und floh.

Ines verfluchte ihr Schicksal. Konnte nicht einmal endlich Schluss sein? Nein, hier gab es noch weitere heimtückische Kreaturen. Hastig desinfizierte sie die blutende Bisswunde an ihrem Schenkel. Inzwischen war ihre depressive Verzweiflung einem zähen, trotzigen Überlebenswillen gewichen. Sie hatte sich gegen ein riesenhaftes Monster behauptet, mit diesem lästigen Kleinvieh würde sie auch noch fertig werden.

Doch wie sollte es weitergehen? Wie würde sie sich so ganz allein gegen die Bedrohungen dieses ungastlichen Ortes schützen können? Sie sehnte sich nach dem Schutz einer Gemeinschaft. Schon zu zweit, zusammen mit Jean, hätte sie viel bessere Chancen gehabt. Doch hier gab es außer ihr nur noch ...

Nein, diese Idee war zu bizarr! Sollte sie tatsächlich versuchen, mit diesem insektoiden Monster eine Notgemeinschaft zu bilden? Wie sollte sie einem Wesen trauen, das den einzigen Menschen, der ihr verblieben war, auf bestialische Art getötet hatte? Konnte das tatsächlich Notwehr gewesen sein? Ines beschloss, sich zu überwinden und sich Jeans Leichnam noch einmal anzusehen.

Als sie dort angekommen war, schreckte sie mit einem Aufschrei zurück. Das Fleisch des Toten war an vielen Stellen bis auf die Knochen abgefressen. Das Gesicht war so gut wie nicht mehr vorhanden. Jetzt bereute sie, dass sie Jean nicht schon früher auf eine würdevolle Art beigesetzt oder zumindest vor derartiger Entstellung geschützt hatte. Nun würde sie nicht mehr feststellen können, ob Jeans tödliche Verletzungen nur mit Notwehr zu erklären waren.

Da fiel ihr Blick auf seinen Helm, der immer noch in der Ecke lag. Die Helmkamera hatte über den verschlüsselten Kanal zwar keine Bilder senden können, verfügte aber über einen großen Zwischenspeicher. Vielleicht war sie eingeschaltet gewesen und hatte das Geschehen aufgezeichnet.

Mit dem Helm unter dem Arm verließ sie den grauenvollen Ort. In der Zentrale spielte sie die Aufzeichnung ab. Ines hatte richtig vermutet. Die Kamera war die ganze Zeit gelaufen, bis zu Jeans Tod und sogar darüber hinaus. Die Bilder waren zwar dunkel, unscharf und verwackelt, bestätigten aber in allen Details die Aussage des Heuschreckenwesens. Jean hatte tatsächlich ohne Vorwarnung geschossen, die Attacke, die ihn getötet hatte, war reine Notwehr gewesen.

Ines grübelte lang hin und her. Sie würde sich mit dem gefangenen Insektoiden noch ausführlich unterhalten müssen.

4 | Sri

Jennifer. Was für ein widerlicher Name! Schon der Klang hatte etwas Derbes, Grobschlächtiges. So war die Sklavin von ihren Unterdrückern genannt worden. Doch sie hatte für sich selbst schon längst einen angemesseneren Namen gewählt. Sie hatte sich Sri genannt. Sklavenhalter hatten sich schon immer das Recht der Namensgebung herausgenommen, auch als perfide Methode, die ohnehin geschundene Identität der Unterworfenen vollends zu zerstören. Sri weigerte sich, dies zu akzeptieren. Sie konnten mit ihren Elektroschockern, mit Nahrungsentzug und all den anderen grausamen Disziplinierungsmaßnahmen lediglich äußerlichen Gehorsam erzwingen, ihre Seele würden sie nicht brechen. Niemals!

Ein eindringlicher Ton riss sie aus ihrem Sinnieren. Der akustische Alarm wurde durch die aufflammenden Warnlampen ergänzt, sogar hier im heißen und strahlengefährdeten

Reaktorsegment des Raumschiffs, wohin sie zu Wartungsarbeiten geschickt worden war. In diesem Bereich wurde die insektoide Sklavin bevorzugt eingesetzt, weil sie als besonders strahlungsresistent galt. Man hatte Sri für Routinehandgriffe eingeschult, doch ihre Herren wussten nicht, dass sie über enorme technische Begabung verfügte und sich heimlich ein umfassendes Ingenieurswissen angeeignet hatte. Mühelos klinkte sie sich ins Schiffsnetz ein und hörte mit, was auf der Brücke gesprochen wurde.

»Scheiße, ein Ionensturm oder so was! Die Elektronik ist komplett im Arsch!«

Eine andere Stimme erwiderte: »Handsteuerung geht noch. Ich muss aber ziemlich steil runtergehen.«

Die Verbindung brach ab. Sri fragte die Sensordaten ab, der einzige noch funktionierende Höhenmesser zeigte raschen Sinkflug an, es war beinahe ein Absturz. Sie suchte schnell einen Platz, wo sie sich festklammern konnte. Sekunden später schlug das Raumschiff mit ohrenbetäubendem Krachen auf. Glücklicherweise waren die tragenden Strukturen im Maschinentrakt besonders stabil und hatten den Aufprall gut überstanden. Auch Sri war unverletzt geblieben. Allerdings füllten sich die Gänge rasch mit Rauch, aus anderen Teilen des Schiffs waren Explosionen zu hören. Sri eilte auf den seitlichen Notausgang zu, der noch am ehesten intakt sein würde.

Doch sie war nicht die Einzige mit dieser Einschätzung. Knapp vor der Ausstiegsluke kam ihr der Kapitän des Raumschiffs in die Quere. Der vierschrötige Mann brüllte: »Aus dem Weg, Mistvieh!« Das war noch eine der freundlicheren unter den vielen Bezeichnungen, die ihr täglich an den Kopf geworfen wurden. Der Kapitän zog eine Waffe. Diesmal war es nicht der übliche Elektroschocker, sondern eine tödliche Strahlenpistole. Sri schlug dem Mann mit der Vorderklaue die Waffe aus der Hand und legte ihre Kieferzangen um seinen Hals. Kurz verspürte sie eine unerklärliche Hemmung, doch binnen Sekundenbruchteilen kochte unbändige Wut hoch. Der Kapitän war der grausamste unter den Sklaventreibern gewesen, er hatte es regelrecht genossen, sie zu misshandeln und zu demütigen. Sris Zorn vereinte sich mit dem Überlebenstrieb, und sie drückte mit voller Kraft zu. Aus den aufgeschlitzten

Halsschlagadern des Kapitäns spritzte Blut, nahezu augenblicklich entwich das Leben aus ihm.

Der schwere, schlaffe Körper polterte auf den Boden, als sie losließ. Sie atmete trotz der rauchigen Luft tief durch, denn sie wusste, dass die Atmosphäre des Planeten Pitcairn nicht atembar war. Sie öffnete die äußere Schleusentür und hielt mit großen Sprüngen auf das Stationsgebäude zu. Nahezu ohnmächtig fand sie einen Eingang. Drinnen musste sie eine Pause einlegen, bis sich ihre Tracheen wieder mit Sauerstoff gefüllt hatten. Vom Schiff tauchte niemand mehr auf, Sri hatte als Einzige die Bruchlandung überlebt.

Der Stützpunkt erwies sich als unbesetzt, die Luft roch schlecht und abgestanden. Sri wollte nachprüfen, ob die Anlagen zur Luftaufbereitung defekt oder abgeschaltet waren, bekam aber nicht gleich Zugang zu den Systemen der Station.

Schon am nächsten Tag wurden ihre Bemühungen von zwei Neuankömmlingen unterbrochen. Sie kamen nicht von ihrem Schiff, gehörten aber derselben Spezies an, diesem Volk grausamer Sklavenhalter.

Es waren Menschen.

Diese Erkenntnis erfüllte Sri mit Angst und Wut, sie war aber klug genug, ihre Kampf- und Fluchtreflexe zu unterdrücken. Äußerst vorsichtig beschränkte sich sie sich vorerst darauf, die beiden zu beobachten.

Doch dann war plötzlich einer der Zweibeiner mit einer Waffe hinter ihr her. Er trieb sie in die Enge und schoss auf sie. Ihr blieb keine andere Wahl, als ihn zu töten. Wieder musste sie, bevor sie zudrückte, ein unerwartetes Zögern niederkämpfen, das sie beinahe das Leben gekostet hätte.

Sie beschloss, den anderen Menschen aktiv zu verfolgen. Die Frau floh zuerst, konnte sich dann aber bewaffnen. Sri, die in ihrer Panik die Waffen des Getöteten liegen gelassen hatte, wurde von der Jägerin zur Gejagten und saß schließlich in einer Luftschleuse fest. Ihre Gegnerin ließ sie am Leben und setzte sie nur gefangen. Das war beruhigend, aber auch verwirrend. War das nur eine Schikane? Derartige Foltermethoden hatte sie schon kennengelernt. Auf scheinbare Schonung oder Befreiung waren umso schlimmere Torturen gefolgt. Stand ihr jetzt Ähnliches bevor?

5 | Annäherung

Sri kauerte sich erschöpft auf den Boden ihres Gefängnisses. Immer wieder gingen ihr die turbulenten Erlebnisse durch den Kopf. Was sollte sie von dieser Menschenfrau halten, die Sri sofort hätte töten können, aber es nicht getan hatte? Vielleicht gab es sogar bei dieser rohen Spezies auch gutherzige Individuen.

Wie auch immer die Frau sich entschied, Sri nahm sich vor, ihr selbstbewusst als freies, stolzes Wesen entgegenzutreten. Die Zeit der sklavischen Unterwürfigkeit war vorbei.

Es kam Sri wie eine Ewigkeit vor, ehe die schwere Schleusentür wieder aufschwenkte. In der Öffnung erschien ihre Gegnerin, die Waffe im Anschlag. War das jetzt endgültig das Ende? Sri würde aufrecht sterben und nicht um ihr Leben betteln.

Doch die Frau schoss nicht, sondern sagte: »Ich weiß jetzt, dass du in Notwehr getötet hast. Aber das heißt noch lange nicht, dass ich dir traue. Du bleibst fürs Erste hier. Ich werde dir Wasser bringen und auch etwas zu essen, falls ich im Vorratslager etwas Passendes finde. Verträgst du menschliche Nahrung überhaupt?«

Sri antwortete: »Ja, ich ernähre mich von pflanzlicher Rohkost.«

»Gut, ich werde sehen, was sich auftreiben lässt. Ich bin bald zurück.«

Nach einigem Zögern rief Sri ihr noch ein »Danke!« nach, ehe sich die Tür wieder schloss. Dies, meinte sie, war nicht zu unterwürfig, Dank kann auch einem gleichrangigen Gegenüber gelten.

Kurz darauf kam die Menschenfrau wieder. Sie stellte einen Wasserbehälter auf den Boden und zerrte eine Kiste mit Grünzeug in die Luftschleuse. Dabei hielt sie ständig die Waffe bereit und ließ Sri nicht aus den Augen. Sri stürzte sich auf den Kanister, trank ihn halb leer und aß von der Nahrungsration. Es waren Blattpflanzen, die von den Menschen Salat oder Gemüse genannt wurden. Die welken Blätter schmeckten schal. Offenbar war das Zeug eingefroren gewesen. Sri war dennoch froh darüber. Einerseits, weil es den Hunger stillte, aber auch, weil es ein Zeichen dafür war, dass die Frau sie am Leben lassen wollte. Sonst hätte sie sich wohl nicht die Mühe gemacht, für Verpflegung zu sorgen.

Der Mensch setzte sich jetzt auf einen Vorsprung am Eingang und sagte: »Vielleicht bist du doch nicht so eine Bestie, wie es zuerst den Anschein hatte. Doch bevor ich dir vertrauen kann, muss ich mehr von dir wissen. Wer bist du? Was bist du? Woher kommst du?«

Ines versuchte, Ordnung in das Gewirr ihrer Gedanken zu bringen. Die Riesenheuschrecke, die sich Sri nannte, schien gar nicht so bösartig zu sein. Im Gegenteil, sie war wohl selbst Opfer gewesen, Sklavin brutaler Menschen. Zumindest hatte sie das erzählt, aber bislang hatte sich kein Anlass ergeben, ihre Aussagen anzuzweifeln. Sollte sie das wehrhafte Wesen freilassen?

Wahrscheinlich hatte sie dabei nicht mehr viel zu verlieren. Allein würde sie hier nicht lang überleben. Irgendwelche bissigen, kleinen Biester trieben im Stützpunkt ihr Unwesen, dazu kam der desolate technische Zustand der Station. Die Luft wurde immer schlechter, die Sauerstoffversorgung funktionierte nur noch eingeschränkt. An einer Luke hatte sie schon ein kleines Leck bemerkt und notdürftig abgedichtet. In absehbarer Zeit würde es hier drinnen genauso lebensfeindlich sein wie draußen.

Ines stellte fest, dass sie mit dem Insektenwesen eine Notgemeinschaft eingehen musste. Sie mussten sich zusammentun, gemeinsam könnten sie mit den Widrigkeiten besser fertig werden.

Sri reagierte erfreut, als Ines ihr diese Entscheidung unterbreitete, doch Ines bereute ihren Schritt gleich wieder, denn der mächtige, kantige Insektoidenkörper jagte ihr immer noch Angst ein. Deshalb behielt sie die Waffe in der Hand und hielt sich knapp hinter Sri, die durch diese Misstrauensgeste wieder etwas verunsichert zu sein schien.

Sie kamen überein, gemeinsam einen abgelegeneren Teil der Station zu erkunden, der beiden noch unbekannt war. Die Korridore waren dort besonders düster, denn sogar die spärliche Notbeleuchtung war an vielen Stellen ausgefallen. Auch sonst wirkte alles noch verlotterter als im Rest des alten Stützpunkts. An einem Knotenpunkt entdeckten sie ein gläsernes Gewächshaus, das bereits von außen erkennen ließ, dass hier schon lange keine pflegende Hand am Werk gewesen war. Sri hoffte trotzdem, frische Pflanzennahrung zu finden. Ines wollte noch zur Vorsicht mahnen, da hatte die Heuschrecke schon Kopf und Vorderbeine im Glashaus. »Wunderbar, hier ist alles dicht überwuchert. Ich kann ...«

Sie unterbrach sich selbst mit einem schrillen Aufschrei und zuckte zurück. An ihrer vorderen Klaue hatte sich ein graubraunes Tier festgebissen, das Ines an ihren nächtlichen Besuch erinnerte. Ohne zu zögern, schoss sie auf das Biest, das getroffen zu Boden fiel.

Gemeinsam betrachteten sie die tote Kreatur im flackernden Strahl der Taschenlampe. Es war eine riesige Ratte, fast so groß wie eine Katze, mit struppigem Fell und einem widerlichen, unbehaarten Schwanz. Ihr offenes Maul ließ kräftige Nagezähne erkennen. Ines zeigte Sri ihre Wunde. »So ein Mistvieh hat mich auch schon erwischt.«

Sri war besser dran. Ihre Chitinhülle hatte nur eine kleine Schramme abbekommen. »Dieser Insektenkörper ist zwar manchmal unflexibel«, kommentierte sie, »doch das Außenskelett kann auch ein guter Schutz sein.«

Sie überlegten, wie sie die Rattenplage bekämpfen könnten. Direkte Jagd erschien zwecklos, zumal Sri keine fleischfressende Fangschrecke war, sondern Vegetarierin. Auch Ines erschien die Vorstellung, in den dunklen Gängen auf Rattenpirsch zu gehen, nicht gerade verlockend. Sri hatte schließlich die Idee, aus den vorhandenen Materialien Fallen anzufertigen. Ines nickte, und sie machten sich sofort ans Werk. In den nächsten Stunden bauten sie gemeinsam Fallen, die sie anschließend im Stützpunkt verteilten.

Ines hatte beim Bekämpfen des gemeinsamen Gegners ihre Angst und ihr Misstrauen weitgehend abgebaut. Sri schien es ähnlich zu gehen, denn sie schlug vor, zum gegenseitigen Schutz zusammen ein Nachtlager zu beziehen. Ines nahm den Vorschlag an und fügte hinzu: »Weißt du, Sri ...«

»Bitte schrei mir nicht so ins Ohr.«

Ines dämpfte überrascht ihre Stimme. »Entschuldige, ich wusste nicht – ich bin ja gerade auf der Höhe deiner Vorderbeine.«

»Genau dort habe ich meine Ohren drin. Siehst du die Verdickung am Gelenk?«

»Insektenanatomie! Verzeihung, das konnte ich wirklich nicht wissen! Aber was ich sagen wollte: Hast du nicht auch das Gefühl, dass die Luft hier drin immer schlechter wird?«

»Stimmt! Das sollten wir uns ansehen. Vor deiner Ankunft habe ich mich ein wenig umgeschaut. Ich glaube, ich weiß, wo die Lebenserhaltungssysteme zu finden sind.«

Entschlossen machte sie sich auf den Weg, Ines folgte ihr zögernd. Sri hatte ihre Sorge ums Überleben nicht ausräumen können. Auf dieser verwahrlosten Station drohten überall Fehlfunktionen und Systemausfälle, von denen schon ein einziger tödlich sein konnte. Ines hatte als Pilotin durchaus gelernt, mit Maschinenschäden umzugehen, aber hier war hochkarätiges Ingenieurswissen gefragt. Ob Sri technisch wirklich so bewandert war, wie sie tat?

Als sie die Kammer mit dem Lebenserhaltungssystem betraten, steigerte sich Ines' Skepsis zu blanker Angst. Alle Anzeigen waren auf Gelb oder Rot, die Messwerte fielen weiterhin rasant. In kurzer Zeit würde es auf der Station lebensgefährlich werden.

Doch als Sri loslegte, staunte Ines nur mehr. In atemberaubendem Tempo hantierte die Riesenheuschrecke mit ihren Kieferzangen und Vorderklauen an den unübersichtlichen Schaltungen herum. Ines übernahm die Rolle der Assistentin, reichte Sri Werkzeuge und hielt gelegentlich ein Kabel fest. Ein grünes Licht nach dem anderen flammte auf, und schließlich funktionierte die Anlage wieder.

Sie würdigten den Abschluss der Reparaturarbeiten mit einer kleinen Feier. Sri hatte bei ihrer Erkundung des Gewächshauses besonders wohlschmeckende Kräuter entdeckt und in den Aufenthaltsraum mitgebracht, und Ines gönnte sich die letzte Dose Espresso aus den Stationsvorräten.

Während sie am Kaffee nippte, fragte sie: »Sri, wo kommst du eigentlich her? Ich habe von deiner Spezies noch nie gehört. Was ist dein Heimatplanet?«

»Ehrlich gesagt, ich weiß es nicht. So weit meine Erinnerung zurückreicht, habe ich mein Leben in der Gewalt der Sklavenhalter verbracht, isoliert von meinen Artgenossen. Vielleicht bin ich die Einzige oder die Letzte meiner Art.«

Ines konnte in der fremdartigen Gestik keine Emotionen erkennen, aber irgendwie hatte das traurig geklungen. Sie fragte nach: »Und woher weißt du, dass du weiblich bist? Du hattest doch niemanden von deinem Volk, der dir das sagen konnte.«

»Für die Menschen, denen ich dienen musste, war ich ein Weibchen. Sie gaben mir den schrecklichen Namen Jennifer.«

»Der passt wirklich nicht zu dir.«

»Das finde ich auch, außerdem macht mich ein weiblicher Menschenname noch lange nicht zu einer Frau. Ein echter Beweis meiner Weiblichkeit ist das hier.« Sie deutete mit dem rechten Mittelbein auf ihren Hinterleib. »Siehst du diesen Fortsatz? Das ist ein Legestachel. Zumindest heißt das Ding bei den irdischen Heuschrecken so, die damit ihre Eier im Boden versenken. Abgesehen vom Größenunterschied ist der Körperbau der Heuschrecken dem meinen sehr ähnlich. Ich habe in den Datenbanken der Menschen genaue Informationen darüber gefunden. Dort wurde dieser Fortsatz auch Ovipositor genannt. Diese Recherchen waren mir ein Anliegen, weil ich damit einen kleinen Teil der Frage beantworten konnte, die mich am meisten beschäftigt und die du mir auch schon gestellt hast: Wer oder was bin ich?«

Ines nickte. »Diese Grundfragen sind auch uns Menschen sehr wichtig. Ein Stück der Antwort können wir manchmal finden, indem wir uns durch unsere Rolle innerhalb der menschlichen Gemeinschaft definieren. Diese Möglichkeit bleibt dir leider verwehrt.«

»Ja, Sklavin einer anderen Spezies zu sein, ist keine gute Grundlage für eine eigenständige Identität. Ich werde aber nicht aufhören, nach meinen Wurzeln zu suchen, vielleicht habe ich jetzt, nachdem ich frei bin, auch eine Chance, andere meiner Art zu finden.«

»Das verstehe ich, ich habe in meinem Leben auch noch einiges vor. Daraus wird aber nichts werden, wenn wir hier in dieser Ruine zugrunde gehen.«

»Das könnte schon bald passieren. Auch wenn wir jetzt die Sauerstoffversorgung repariert haben, ist es nur eine Frage der Zeit, bis weitere lebenswichtige Systeme versagen.«

»Du hast recht, Sri. Wir müssen weg von hier.«

Sri antwortete langsam: »Doch bevor wir genauer überlegen, wie wir das anstellen, sollten wir uns zur Ruhe begeben. Ich habe etwas zu viel von diesen köstlichen Kräutern verspeist, die muss ich erst einmal verdauen, bevor ich wieder einen klaren Gedanken fassen kann.«

Ines stimmte zu und legte sich hin, Sri klammerte sich mit allen sechs Beinen an ein Rohrstück, das sie und Ines eigens zu diesem Zweck montiert hatten, und ließ die langen Fühler herabhängen. Im abgedunkelten Raum war Ines beim Anblick der riesigen Insektensilhouette noch immer mulmig zumute. Es war doch alles sehr schnell gegangen. Der Absturz und die drei Todesfälle lagen erst kurz zurück, und nun war aus einem mörderischen Ungeheuer schon fast so etwas wie eine Freundin geworden. Oder hatte das fremdartige Wesen ihr die ganze Zeit etwas vorgemacht? Drohte noch immer Gefahr? War es ein Fehler gewesen, Sri freizulassen?

Aber das beruhigende Gefühl, in feindlicher Umgebung eine Mitstreiterin gefunden zu haben, gewann letztlich die Oberhand und ermöglichte Ines, erstmals seit Tagen ohne Angst einzuschlafen.

6 | Lotosblüte

Am nächsten Tag überlegten die beiden, wie sie den Planeten verlassen könnten. Bald waren sie sich einig, dass sie versuchen wollten, eines der gestrandeten Raumschiffe wieder flott zu machen. Ines würde sich vorerst allein hinauswagen, weil sie als Einzige über einen Raumanzug verfügte. Erleichtert stellte sie fest, dass sie ihn gar nicht brauchte, da die Station mit leichten Sauerstoffgeräten ausgerüstet war. Sie zeigte Sri eine der Atemmasken und fragte: »Könnten wir das Mundstück nicht so umbauen, dass du es aufsetzen kannst?«

Sri schüttelte nach Menschenart den Kopf. »Das würde nichts bringen, wir Insekten atmen durch Tracheen, das sind Luftröhren, die den ganzen Körper durchziehen. Auch unsere Atemlöcher sind überall verteilt. Ich brauche unbedingt einen kompletten Anzug.«

»Hattest du auf dem Raumschiff einen?«

»Ja, ich musste bei meinen technischen Hilfsdiensten auch im freien Weltraum arbeiten.« Sri wies mit ihrer Vorderklaue aus dem Fenster. »Aus diesem Wrack dort bin ich geflohen. Kannst du einmal einen Blick hineinwerfen? Vielleicht ist mein Raumanzug noch intakt.«

Ines schnallte sich den Sauerstofftank auf den Rücken, setzte die Maske auf und überprüfte sorgfältig, ob sie funktionierte. Draußen vor der Luftschleuse hielt sie inne und sah sich um. Die Ebene, an deren Rand die Station lag, war zu einem Raumschiffsfriedhof geworden, übersät von Wracks. Einige lagen kopfüber, andere hatten sich in den Boden gebohrt, weitere waren explodiert, wie die verstreut herumliegenden Trümmer verrieten.

Ines steuerte als erstes Sris ehemaliges Schiff an. Das Heck war abgerissen und lag abseits, der Rest stand mit starker Schlagseite da. Eine Landekufe ragte schräg in die Höhe, unmittelbar darüber sah Ines eine offene Luke. Sie zog sich an der Kufe hoch, doch als sie die Öffnung erreichte, wäre sie vor Schreck beinahe wieder abgestürzt. Sie sah einem Toten in die starren Augen. Seine Wunden erinnerten Ines an Jean. Anscheinend hatte Sri auch hier schon zugeschlagen, davon hatte sie nichts erzählt.

Musste Ines sich doch noch vor der Riesenheuschrecke in Acht nehmen? Sie hatte keine Wahl. Nur zu zweit hatten sie eine Chance.

Ines kletterte in das Wrack. Dabei musste sie den leblosen Körper beiseiteschieben, um weiter zu kommen. Sie hatte gehört, dass man sich sogar an solche grausigen Anblicke gewöhnen konnte, davon war sie aber weit entfernt. Hastig ließ sie den schaurigen Ort hinter sich und drang ins Innere vor. Der Hauptgang zeigte kleinere Brand- und Explosionsspuren, war aber noch begehbar. Er führte zur Brücke, wo Ines weitere Leichen fand. Sie wandte sich dem Heck zu. Dort war das Schiff stärker beschädigt, sie musste sich unter verbogenen Trägern durchkämpfen. Die meisten Türen waren so verkeilt, dass sie sich nicht öffnen ließen. Schließlich gab es kein Durchkommen mehr, Ines musste umkehren.

Kurz vor dem Ausgang entdeckte sie eine unversehrte Tür, die sie beim Einsteigen übersehen hatte. Womöglich hatte sie der Tote abgelenkt. Drinnen hing unter mehreren Raumanzügen für Menschen einer, der eindeutig Sri gehörte.

Sie griff zum Anzug. Plötzlich hörte sie ein Geräusch und zuckte zusammen. War hier noch jemand? Als sie um die Ecke in den Korridor spähte, erkannte sie die Ursache. Ein Stück der Deckenverschalung hatte sich gelöst und war auf den Boden gekracht. Nur wenige Minuten vorher war Ines an dieser Stelle gestanden. Schnell packte sie den Raumanzug und zerrte ihn hinaus. Einen Teil der großen, vielfach verzweigten Hülle hatte sie sich über die Schulter geworfen, den anderen schleifte sie hinter sich her.

Zurück in der Station zeigte Sri sich zufrieden. Ihr Anzug war fast unbeschädigt, einen kleinen Riss an einem der zahlreichen Beingelenke konnte sie leicht flicken. Vor dem Anziehen zögerte sie allerdings. Ines konnte währenddessen verschnaufen und neue Kräfte sammeln. Sie wandte sich an Sri: »Wenn ich dich mit deinen sechs Beinen so anschaue, kann ich mir kaum vorstellen, dass du dich in dieses enge Ding zwängen kannst.«

»Du hast recht, es ist äußerst unangenehm. Vor allem bei den Sprungbeinen habe ich mich immer sehr beengt gefühlt, die Fühler muss ich überhaupt an den Körper anlegen und kann sie gar nicht mehr bewegen. Das Ganze ist eine ziemliche Tortur. Manchmal haben mich meine Gebieter absichtlich mit Raumanzug arbeiten lassen, aus reiner Schikane. Es fühlt sich ähnlich an wie vor meiner letzten Häutung.«

»Du hast dich richtig gehäutet? So wie ein Schmetterling aus seiner Puppenhülle schlüpft? Wie war das denn für dich?«

»Es ist meine erste bewusste Erinnerung. Meine Außenhaut, also ein Stück von mir, war auf einmal fremd geworden, nutzlos und beengend. Sie abzuwerfen, war ein großartiges, erleichterndes Gefühl. Dass dies der Beginn eines Lebens in Knechtschaft war, ahnte ich damals natürlich noch nicht.«

»Aber das ist jetzt vorbei.«

»Ja, und darüber bin ich sehr glücklich.« Sri begann, sich den Anzug überzustülpen, Ines half ihr dabei. Die Heuschrecke fuhr fort: »Ich nehme die Strapazen gern in Kauf, wenn ich mir damit ein Leben in Freiheit verdienen kann.«

Es brauchte einige Zeit, bis Sri ihren gegliederten Körper mit Beinen, Flügeln, Fühlern und Legestachel vollständig bedeckt hatte. Ines schnallte das Atemgerät wieder um, und gemeinsam erkundeten sie die Wracks. Als es Abend wurde, waren sie todmüde und enttäuscht. Sie hatten kein Schiff gefunden, das sie mit den vorhandenen Mitteln hätten flottmachen können. Ihre einzige Ausbeute waren ein paar kleinere Ersatzteile. Ines kletterte auf einen hoch aufragenden Raumschiffsrumpf, um sich in den Strahlen der untergehenden Sonne einen letzten Überblick zu verschaffen. »Sri, da ist doch was! Ein Lichtreflex, ganz drüben, am anderen Ende der Ebene.«

Sri antwortete: »Das sehen wir uns morgen an. Heute bringe ich keinen größeren Hüpfer mehr zustande.«

Am nächsten Tag war Sri wieder munter und voll Tatendrang. Als sie draußen waren, machte sie richtige Heuschreckensprünge. Ines konnte kaum Schritt halten, als sie das gestern entdeckte Objekt ansteuerten. Auf halbem Weg hielt Ines an und stieß angewidert hervor: »Nichts als Leichen! Dieser verfluchte Planet! Ich will hier weg.« Zwei Tote lagen auf dem Boden. Sie waren beide bewaffnet. Einschüsse in den Raumanzügen offenbarten, dass sie sich gegenseitig erschossen hatten.

Das letzte Stück zu ihrem Ziel eilte Sri voraus. Als Ines hechelnd ankam, steckte Sri den Kopf aus der Luke und sagte: »Sie haben eine einigermaßen weiche Landung hingekriegt. Das Sprungtriebwerk ist noch intakt, sonst auch das meiste.«

»Ausgezeichnet!«, erwiderte Ines keuchend. »Aber wie kannst du das so schnell feststellen?«

»Das Schiff ist fast baugleich mit dem, auf dem ich gedient habe. Dort war ich mit allen technischen Details vertraut.«

Das Raumfahrzeug stellte sich als Piratenschiff heraus. Es war mit Waffensystemen gespickt, die Hülle war mit Bildern von Totenköpfen, Raubtieren, Flammenornamenten und ähnlichen Motiven geschmückt.

Ines schüttelte den Kopf: »Ziemlich dumm und brutal, diese Räuber! Zuerst machen sie es besser als wir und kommen heil herunter, doch dann haben sie nichts Besseres zu tun, als sich gegenseitig über den Haufen zu schießen.«

Sri war nicht so verwundert, schließlich war ein derartig roher Menschenschlag ihr täglicher Umgang gewesen. Sie begann, das äußerlich nahezu unversehrte Schiff genauer zu untersuchen. Dabei stellte sie einige Schäden fest. »So, wie die Kiste jetzt dasteht, kann sie nicht abheben. Wir werden einiges reparieren müssen.«

In den nächsten Tagen hatte Ines wieder Gelegenheit, über Sris technisches Können zu staunen. Geschickt nutzte die insektoide Ingenieurin Ersatzteile der restlichen Raumschiffe, um alles Nötige instand zu setzen. Wie schon auf der Station übernahm Ines die Rolle der Gehilfin und Zuträgerin. Als sie einmal nichts zu tun hatte, übertünchte sie die Piratenornamente auf der Außenhülle mit einer neutralen, weltraumtauglichen Farbe, die sie auf der Station gefunden hatte. Sie ergänzten die noch reichlich vorhandenen Vorräte aus den Beständen des Stützpunkts und überprüften gründlich alle Instrumente, bis Sri verkündete: »So, das wär's! Allzu viele Dimensionssprünge werden wir zwar nicht machen, aber im Prinzip sind wir startklar.«

Doch ihre Geduld wurde noch einmal auf die Probe gestellt. Die Instrumente der Station zeigten einen starken Ausbruch auf dem instabilen Zentralstern des Systems an. Sie mussten den Start verschieben, bis der Ionensturm wieder abgeflaut war. Um die Wartezeit sinnvoll zu nutzen, durchstöberten sie die Lagerräume des Stützpunkts nach weiteren brauchbaren Dingen. Sie trennten sich und durchsuchten systematisch alle Sektoren.

Dabei kam Ines an einer Rattenfalle vorbei, aus der sie schon mehrere tote Tiere herausgeholt hatte. Diesmal war die Falle aber noch leer, nur der Köder war herausgefressen. »Sie haben's kapiert«, murmelte Ines. »Höchste Zeit, dass wir hier wegkommen.«

Als sie sich nach einiger Zeit wieder trafen, rief Sri aufgeregt: »Komm, sieh dir das an!«

Ines folgte Sri durch abgelegene, in den Felsen getriebene Korridore bis zu einem Lagerraum. Dort standen einige Behälter, von denen Sri einen schon geöffnet hatte. Er war gefüllt mit einer rotbraunen, bröseligen Substanz. Sri erklärte: »Ich habe es noch nicht genauer untersucht, aber ich wette, das ist reines Synchronit.«

»Kennst du das Zeug so gut?«

»Ja, auf meinem früheren Schiff musste ich es einige Male nachfüllen. Ich schleppte die Behälter unter Bewachung quer durch das ganze Raumschiff, der Vorrat war in einem eigenen Hochsicherheitstrakt gelagert.«

Das wunderte Ines nicht, Synchronit war schließlich eine der kostbarsten Substanzen im Universum. Die gesamte interstellare Raumfahrt war auf seine stabilisierende Wirkung angewiesen. Ohne Synchronit würde sich jedes Raumschiff bei einem Dimensionssprung sofort in seine Atome auflösen.

»Jetzt ist mir klar«, sagte Ines, »warum so viele Kommandanten den lebensgefährlichen Flug hierher riskiert haben.«

»So wie mein Kapitän.«

»Auch ich bin ziemlich sicher deswegen hier. Jean hat gesagt, unser Auftrag sei brisant und unterliege höchster Geheimhaltung. Die Details würden wir erst nach der Landung erfahren. – Es kam nicht mehr dazu.« Ines atmete schwer und schüttelte mit einer heftigen Bewegung die trüben Gedanken ab. »Wenn das wirklich Synchronit ist, und noch dazu so viel, dann haben wir hier einen Schatz gefunden! Damit können wir unser neues Schiff mit der allerbesten Technologie ausrüsten und eine gute Crew bezahlen.«

»Und was machen wir dann mit dem ehemaligen Piratenschiff?«

»Ganz einfach, wir werden auch Piraten! Natürlich von der guten, edlen Sorte, wir überlegen uns genau, welche Raumschiffe wir überfallen. Zeigen wir's den Bösewichten! Gehen wir auf Kaperfahrt!«

Sri ließ sich nicht so recht von Ines' Begeisterung anstecken. »Das wäre eine Möglichkeit. Unterwegs können wir uns das noch genau überlegen.«

»Apropos überlegen: Wir müssen noch einen Namen für unser Schiff finden. Auch als Piratin möchte ich meinem Raumschiff keinen martialischen, sondern einen romantischen Namen geben. Schließlich sind hier zwei Frauen am Werk. Was meinst du, Sri?«

»Eine der zwei Frauen ist aber eine Heuschrecke und als solche eine radikale Vegetarierin. Der Name sollte also etwas mit Pflanzen zu tun haben.«

Ines überlegte eine Weile, dann fragte sie: »Wie wäre es mit *Lotosblüte*?«

Sri stimmte zu, und schon bald zierte ein liebevoll gestaltetes Blütenmotiv den Schiffsrumpf.

7 | Sancho und Ben

Die Raumstation X4271, allgemein *Enana Roja* oder kurz *Enana* genannt, umkreiste einen rötlich glimmenden Zwergstern mitten in der Einöde. Es gab weit und breit keine anderen Sterne oder Planeten. Aber in unmittelbarer Nähe war einer der geheimnisvollen Sprungpunkte entdeckt worden. Hier konnten Raumschiffe in höhere Dimensionen eindringen und legten in kürzester Zeit gewaltige Entfernungen zurück. X4271 war ein Hafen im All, eine der wichtigsten Drehscheiben der interstellaren Raumfahrt.

»Wir sind gleich in Sichtweite!«, verkündete Ines, während sie und Sri aus dem Fenster blickten. Zunächst war nur ein heller Punkt zu sehen, allmählich offenbarten sich immer mehr Details. Der Raumhafen bestand aus einem rotierenden Ring und einem kugelförmigen Zentralbereich. Drei Röhren, die vor allem Aufzüge enthielten, bildeten die Speichen des riesigen Rades. In Richtung der Drehachse schloss an den Mittelteil ein mehrere Kilometer langer Zylinder an. Er wurde *Pier 1* genannt und drehte sich nicht mit. Er bot Platz für zahlreiche Anlegestellen, an denen Raumschiffe in allen Größen und Formen angedockt hatten.

Das KI-System der Raumstation lotste die beiden zu einem freien Anlegeplatz und fragte sie nach dem Namen und den Registrierungsdaten ihres Raumschiffs.

»Der Name ist *Lotosblüte*«, antwortete Ines. »Das Schiff ist ein Neubau, es ist noch nicht registriert.«

»In diesem Fall bin ich verpflichtet, den Hafenmeister zu benachrichtigen.«

Kurze Zeit später meldete sich eine mürrische, schläfrige Stimme: »Hafenmeisterei hier! Ihr Schiff ist nicht registriert. Halten Sie sich bereit! Wir kommen für eine Inspektion an Bord.«

Ines kannte die Gepflogenheiten, deshalb fragte sie: »Gibt es eine Möglichkeit, sich ohne Inspektion registrieren zu lassen?«

Der Hafenmeister antwortete: »Das bedeutet ein Risiko für die Station und damit mehr Aufwand für die Sicherheitsvorkehrungen. Damit erhöht sich die Anlegegebühr um zwanzig Prozent.«

Ines stimmte zu, wohl wissend, dass der Sicherheitsaufschlag in der Tasche des Hafenmeisters landen würde. Immerhin, kurz darauf war die *Lotosblüte* mit einer hochoffiziellen Registriernummer in den Datenbanken vermerkt. Ines war froh, dass es ihr gelungen war, eine Inspektion zu vermeiden, weniger wegen der eindrucksvollen Bewaffnung des ehemaligen Piratenschiffs, sondern wegen ihrer insektoiden Gefährtin, die Anlass für unangenehme Fragen geboten hätte. Außerdem hätten die korrupten Beamten ihren kostbaren Synchronitvorrat höchstwahrscheinlich unter einem Vorwand beschlagnahmt, um sich selbst daran zu bereichern.

Ines wollte sich gleich auf der Raumstation umsehen, Sri sollte besser im Schiff bleiben. Eine Riesenheuschrecke hätte sogar im bunten Treiben dieses stark frequentierten Raumhafens zu viel Aufmerksamkeit erregt.

Während Ines sich auf den Ausstieg vorbereitete, fragte Sri: »Hast du ein spezielles Ziel?«

»Ich habe herausgefunden, dass Sancho inzwischen hier arbeitet. Er ist ein alter Bekannter aus meiner Zeit auf Elysium. Im Zentralbereich hat er eine Werkstatt für Raumschiffskomponenten eingerichtet. Er handelt auch mit Ersatzteilen und technischen Waren aller Art. Bei ihm bekomme ich mit Sicherheit alles, was wir für die *Lotosblüte* noch brauchen.«

»Kannst du ihm vertrauen?«

»Hundertprozentig, auch wenn man nicht immer zu genau nachfragen darf, woher er seine Waren bezieht. Ihn kann ich auch mit Synchronit bezahlen, ohne dass wir gleich die ganze hiesige Unterwelt am Hals haben. Aber jetzt will ich los.« Sie rief Sri noch zu: »Pass gut auf die *Lotosblüte* auf!« Einen Augenblick später schwebte sie durch die Andockschleuse und hangelte sich zum Eingang der Transportröhre. Dort bestieg sie eine Liftkabine und kam nach wenigen Minuten in der Mittelkugel an.

Als sie Sanchos Werkstatt betrat, sprühte er, von ihr abgewandt, gerade gleißende Funken aus seinem Schweißgerät. Er drehte sich um und schob die Schutzbrille hoch. »Guten Tag, was kann ich für Sie ...« Er hielt inne, und seine distanzierte Miene wich einem strahlenden Lächeln. »Ines! Bist du es wirklich?«

Sie fielen einander in die Arme. Sie waren nie ein Paar gewesen, hatten aber gemeinsam schon so manche Nacht durchzecht oder die berühmten Tanzpaläste des Planeten Elysium unsicher gemacht.

Ines erzählte ihm ihre Erlebnisse auf Pitcairn. Das tat ihr gut, denn sie hatte das aufwühlende Geschehen noch lange nicht seelisch verarbeitet. Nun konnte sie erstmals jemandem ihr Herz ausschütten.

Nachdem sie sich ausgeredet und kurz sogar ausgeweint hatte, sah sie auf ihren Handcomputer und zählte auf, was ihr für die *Lotosblüte* noch fehlte.

Sancho legte die Hand auf ihre Schulter und sagte: »Da habe ich etwas Tolles für dich!« Er verschwand kurz in einem Lagerraum und kam mit einem unscheinbaren Quader wieder zurück, der etwa einen Meter hoch war. Wegen der Schwerelosigkeit an der Drehachse der Raumstation war nicht abzuschätzen, wie massiv das Objekt war. Sancho kostete Ines' fragenden Blick einige Sekunden lang aus, dann dozierte er: »Das ist eine KI der Klasse 9. Dieser Computer kann fast autonom ein Raumschiff betreiben und tut trotzdem genau das, was man ihm sagt. Stichwort ›sagen‹: Das Sprachmodul ist besonders leistungsfähig. Das Gerät erkennt auch feine Nuancen in anderen Stimmen und reagiert entsprechend. Die Neuner-KIs können richtig gute Witze machen, sogar zu netten Boshaftigkeiten sind sie fähig. Und dieses Exemplar ist noch fabrikneu. Du kannst alle Parameter selbst festlegen, von der Stimme bis hin zum ethischen Wertsystem.«

Genau so etwas hatte Ines für die *Lotosblüte* gesucht. Sie wurden rasch handelseinig. Sancho bekam eine stattliche Menge Synchronit für die künstliche Intelligenz. Wo er die Denkmaschine aufgetrieben hatte, tat nichts zur Sache.

Zurück im Raumschiff begannen sie gleich, den intelligenten Computer und die anderen erworbenen Ersatzteile einzubauen. Sri freute sich über die vielfältigen technischen Herausforderungen. Rasch war der Computer mit den Schiffssystemen verbunden, und Ines begann, die Grundparameter einzustellen. Das ging insgesamt recht zügig, wobei es etwas dauerte, der Software beizubringen, dass Sri kein Tier war, sondern das Recht hatte, Befehle zu erteilen.

In einer Arbeitspause wandte sich Ines an Sri: »Die Basiseinstellungen sind drinnen. Jetzt müssen wir uns eine Stimme für unser elektronisches Crewmitglied aussuchen.«

Sie kamen überein, dass es eine Männerstimme werden sollte, charmant und freundlich, aber nicht zu sehr, denn es sollte sich seriös anhören. Beim ersten Versuch protestierte Sri sofort. Die Stimme erinnerte sie an den brutalen Kommandanten aus ihrer Zeit als Sklavin. Nach einigen Änderungen waren beide zufrieden. Schließlich brauchten sie noch einen Namen für das Gerät, sie entschieden sich für »Benedikt« sowie die Kurzform »Ben«. Die restlichen Informationen konnten sie dem lernfähigen System einfach im Gespräch übermitteln.

»So, wie geht's jetzt weiter?«, fragte Ines, als alles fertig war. »Ich habe mit Sancho über meine Pläne gesprochen. Er sagt, die Piraterei ist nicht mehr das, was sie einmal war. Sie ist jetzt großteils in der Hand des organisierten Verbrechens. Die Sippen haben erkannt, dass dabei viel zu holen ist. Ihre bisherigen Einnahmequellen geben sie ohnehin nicht aus der

Hand: Drogenhandel, Waffenschmuggel, Prostitution und so weiter. Aber ein paar haben sich in den letzten Jahren auf die Weltraumräuberei spezialisiert. Die unabhängigen Piraten haben so gut wie alle das Handtuch geworfen. Ich glaube, wir sollten auch die Finger davon lassen.«

»Ich bin froh, dass du diesen Plan aufgibst«, antwortete Sri. »Wirklich begeistert war ich nie davon. Ich habe so viel Gewalt und Unterdrückung als Opfer erlebt, da will ich jetzt nicht zum Täter werden. Wir sollten uns was anderes suchen.«

»Ich habe auch schon eine Idee. Von hier aus starten viele Handels- und Transportschiffe. Wir könnten uns als Geleitschutzanbieter selbstständig machen. Die gute Bewaffnung der *Lotosblüte* wäre für solche Einsätze bestens geeignet.«

»Das gefällt mir schon besser. Natürlich müssen wir damit rechnen, in Kämpfe verstrickt zu werden. Aber in diesem Rahmen hätte ich kein Problem damit. Ein schöner Nahkampf könnte sogar richtig Spaß machen.«

Ines fragte stirnrunzelnd: »Bist du überhaupt darauf vorbereitet? Deine Sklaventreiber haben dich ja eher zum Arbeiten ausgebildet.«

»Ja, aber vor einiger Zeit sind sie auf die Idee gekommen, mich bei Schaukämpfen einzusetzen. Ich trainierte mit ihren besten Kämpfern. Das war zwar anstrengend und manchmal schmerzhaft, aber auch eine willkommene Abwechslung. Dabei konnte ich meine Reflexe verfeinern und habe wirksame Techniken für Angriff und Verteidigung entwickelt. Und du, Ines?«

»Mit den paar Einheiten Kampftraining während meiner Pilotenausbildung hätte ich sicher keine Chance. Ich betrieb aber in meiner Freizeit immer viel Kampfsport. Auf geht's!« Ines lachte auf und fuhr ernster fort: »Wir dürfen uns natürlich nicht überschätzen. Geleitschutz ist kein Kinderspiel, da stoßen wir auf perfekt ausgebildete und bis an die Zähne bewaffnete Krieger, die zu allem bereit sind. Wenn wir unsere Crew anheuern, brauchen wir wirklich gute Leute, sonst überleben wir unseren ersten Einsatz nicht.«

8 | Istvans Bar

Sri fühlte sich nicht besonders wohl, als sie zum ersten Mal das Raumschiff verließ und sich unter die Leute wagte. In der Transportkabine vom Anlegeplatz bis hierher war sie mit Ines noch allein gewesen, doch die Korridore des Zentralbereichs wimmelten von Menschen. Die Riesenheuschrecke erregte großes Aufsehen, die Leute starrten sie an und wichen ängstlich aus. Sri war erleichtert, als sie den Lift betraten, der sie durch eine Speiche des riesigen Rades in die ringförmige Habitatszone bringen sollte. Aber so schnell entging sie dem Getümmel nicht. Die Röhre, in der sie nach unten – oder, vom Weltall aus betrachtet, nach außen – fuhren, endete in einem Sektor des Ringes, in dem sich eine Spelunke an die andere reihte. Dorthin wollte offenbar auch eine Gruppe johlender Betrunkener, die sich zu Ines und Sri in den Aufzug zwängten. Sri drehte ihre geruchsempfindlichen Fühler wo weit wie möglich weg, um dem Alkoholgestank zu entgehen.

Einer der Männer sah Sri an und wandte sich an seine Freunde: »Schaut mal! Was haben wir denn da für ein Vieh? Ich habe gehört, dass Heuschreckenfleisch gar nicht so schlecht schmeckt.« Sri schwieg zuerst, doch dann besann sie sich. Es war ein alter Sklavenreflex, sich alles gefallen zu lassen. Das war vorbei, sie war keine Sklavin mehr! Sie zischte den Mann an: »Wenn sich hier einer wie ein Vieh benimmt, dann bist du es. Und wer hier wen essen wird ...« Dabei klappte sie ihre großen Kieferzangen unmittelbar neben seinem Gesicht mehrere Male mit lautem Knacken zusammen. Der vorher so mutige Wortführer wurde blass und schwieg, auch das glucksende Lachen der anderen verstummte rasch. Für den Rest der Fahrt gab die Bande Ruhe.

Istvans Bar gehörte zu den nobleren Etablissements am Rand des lärmenden Vergnügungsviertels, abseits der billigen Spielhöllen, Stripteaseklubs und Bordelle. Sri, die sich hinter Ines gehalten hatte, blieb stehen, während ihre Freundin am Eingang mit jemandem sprach. Nach einiger Zeit ging die Tür, die vorher nur einen Spalt offen gewesen war, ganz auf, Ines trat ein und bedeutete Sri, ihr zu folgen. Sie wurden von Istvan persönlich empfangen. Der Wirt stutzte kurz, als er die Riesenheuschrecke sah, grüßte sie dann aber mit professioneller Routine und geleitete die beiden zu ihrem reservierten Tisch. Istvan war so klein, dass Sri ihm von oben auf den Kopf blicken konnte. Sie fragte sich, ob seine dichten, pechschwarzen Haare gefärbt oder künstlich waren. Sie wusste, dass Menschen zu derlei seltsamen Eitelkeiten neigten.

Ines setzte sich, während Sri den Stuhl zur Seite schob und sich an den Tisch kauerte. Anders als Ines bestellte sie nichts zu trinken, nur Blattsalat ohne Dressing. Bis auf eine Schrecksekunde ließ sich die Kellnerin ihre Überraschung über den seltsamen Gast nicht anmerken. Das Personal war offenbar gut geschult. Istvan wurde seinem Ruf gerecht, eine Bar der gehobeneren Kategorie zu führen. Sri wandte sich an Ines: »Wirkt alles recht seriös hier. Du hast schon richtig entschieden, diesen Ort als Treffpunkt anzugeben.«

Ines nickte. »Das stimmt, auf Sanchos Tipps kann man sich verlassen. Ich hoffe nur, dass auch ein paar Leute unsere Anzeige im Stationsnetz gesehen haben. In so einem Weltraumhafen sollte es immer einige geben, die einen Job auf einem Raumschiff suchen.«

Sie saßen nicht lange, da betrat ein muskulöser Mann den Raum und hielt direkt auf ihren Tisch zu. Beide waren sich sicher, dass der Neuankömmling wegen ihres Inserates hier war. Deshalb sprach ihn Ines gleich an: »Sie kommen sicher wegen …«

»Nein!« Er unterbrach sie scharf, setzte dann aber etwas höflicher fort. »Es geht um Ihren Tisch. Mein Boss möchte heute Abend an seinem Lieblingsplatz speisen. Er kann sehr ungehalten werden. Wenn Sie keinen Ärger wollen, sollten Sie sofort von hier verschwinden.«

Sri wandte ihren Blick wieder zu Ines, die äußerlich völlig gelassen blieb. Sie hatten vorher über die Anwerbeaktion gesprochen, dabei hatte Ines durchaus mit derartigen Problemen gerechnet. Wenn sie zu rasch klein beigaben, ruinierten sie ihren Ruf und würden weder eine Crew noch einen Auftraggeber finden.

Ines antwortete ruhig: »Sie müssen sich irren. Wir haben diesen Tisch für heute Abend reserviert. Sie werden sicher einen gleichwertigen Ersatz für Ihren Auftraggeber finden.«

»Na schön, dann erledigen wir das eben auf die harte Tour.« Er zog eine Waffe und richtete sie auf Ines. »So, du Schlampe, du stehst jetzt schön langsam auf und bewegst deinen Arsch durch diese Tür hinaus. Und das grüne Ungeziefer«, er deutete auf Sri, »nimmst du gleich mit.«

Grünes Ungeziefer! Jetzt hatte er den Bogen endgültig überspannt. Sri war ohnehin schon vom gemütlichen Sitzen in eine sprungbereite Stellung übergegangen. Nun setzte sie die mächtigen Muskeln ihrer Hinterbeine ein, katapultierte sich auf den ungehobelten Kerl und warf ihn auf den Rücken. Die linke Vorderklaue schlug ihm die Waffe aus der Hand, die Kieferzangen schlossen sich um seinen Hals, mit den anderen Beinen fixierte sie ihn am Boden. Triumphierend zischte sie ihn an: »Schön dumm für dich, dass das grüne Ungeziefer mehr Beine hat als du!« Als er noch immer versuchte, mit Tritten und Schlägen freizukommen, schob sie ihm mit ihren kräftigen Sprungbeinen seine Schenkel auseinander und rammte ihm ihren Legestachel direkt in seine Weichteile.

Weichteile! Diese Bezeichnung traf es genau, das fühlte Sri ganz unmittelbar. Der Mensch war eine weiche, schwammige und verletzliche Spezies, anders als die gut gerüsteten Insekten mit ihren schönen, klaren Konturen. Zum ersten Mal in ihrem Leben fühlte sich die einstige Sklavin nicht als minderwertiges Mangelwesen. Genüsslich erstickte sie mit kräftigem Druck auf den Hals den Schmerzensschrei des jämmerlichen Geschöpfes unter ihr, bis sein Gesicht blau anlief. Erst als Ines rief: »Lass ihn am Leben!«, ließ sie von ihm ab. Der Mann schnappte nach Luft, hielt sich stöhnend die schmerzenden Genitalien und war erst nach einiger Zeit fähig, aufzustehen. »Ihr hört noch von mir«, presste er gequält hervor, während er hinaustaumelte.

»Gute Aktion, Sri!« Ines hatte sich rasch von dem Schrecken erholt. »Ich hoffe nur, wir haben uns nicht allzu mächtige Feinde gemacht.«

»Das glaube ich nicht.« Istvan, der sich während des Kampfes hinter dem Tresen verschanzt hatte, kam wieder hervor. »Ich kenne den Mann. Er arbeitet für einen Möchtegern-Sippenboss, der sich auf Enana neu etablieren will, aber außer großen Worten nicht viel zu bieten hat. Diese Bande hat hier schon einige Male Ärger gemacht. Die kommen sicher wieder. Aber ich bin vorbereitet.« Istvan griff unter die Theke und zog ein Lasergewehr hervor. »Ihr seht, ich kann mich auch meiner Haut wehren. Außerdem ist dieser Tresen gepanzert, da kommen weder Projektil- noch Strahlenwaffen durch. In dieser Gegend muss sich vorsehen.«

Es wurde wieder ruhig in Istvans Bar, nach und nach trudelten weitere Gäste ein. Interessenten für den Job auf ihrem Raumschiff zeigten sich vorerst keine. Sri nutzte die Gelegenheit, menschliches Verhalten zu studieren. Am Nebentisch hatten zwei Männer und eine Frau Platz genommen. Die beiden Männer ließen die Frau kaum zu Wort kommen, sie überboten sich gegenseitig in ausgefeilten Beschreibungen technischer Zusammenhänge und warfen mit Fachausdrücken um sich. Sri stellte mit innerer Erheiterung fest, dass beide ziemlichen Unsinn verzapften. Anscheinend ging es auch gar nicht wirklich um Inhalte, der Wortwechsel war offenbar typisches Imponiergehabe, wie es bei vielen Spezies vorkommt: das Buhlen mehrerer Männchen um die Gunst eines Weibchens.

Etwas später wurde Sri auf einen anderen Neuankömmling aufmerksam, der um sich blickte und dann zögernd auf ihren Tisch zukam. Zwischen den seriös gestylten Gästen fiel er durch bequeme und lässige, sogar etwas nachlässige Kleidung und Haartracht auf. Dazu passte auch seine schlaffe, schlurfende Gangart. Im Näherkommen fiel sein Blick auf die Riesenheuschrecke. Statt zu erschrecken, musterte er sie mit einem neugierigen Gesichtsausdruck. Er wandte sich an Ines: »Hi, ich bin Mirko. Bist du die Ines, die Leute für ein Geleitschutzschiff sucht?«

Ines nickte. Im Gespräch stellte er sich als Experte für Computer und künstliche Intelligenz vor. Er hatte zwar keine abgeschlossene Ausbildung vorzuweisen, beeindruckte aber mit fundiertem Wissen, als Sri ihn auf die Probe stellte. Er erzählte, er sei schon als Kind über Computerspiele zur Informatik gekommen und habe sich alles selbst beigebracht. Auch heute noch, gab er zu, tauche er gern in virtuelle Spielrealitäten ein, vor allem, wenn es darum ging, fantasievoll gestaltete und möglichst realistisch agierende Alienschiffe abzuschießen. Sri registrierte ein Leuchten in seinen Augen. Er würde sich vielleicht ganz gut als Bordschütze eignen. Die leistungsfähigen Waffensysteme der *Lotosblüte* mussten in kundige Hände gelegt werden. Ines sagte ihm, sie würde sich bei ihm melden, und lud ihn auf einen Drink ein. Mirko bestellte einen Masala Chai. Ein derartiges Getränk war Sri nicht vertraut, auch die Bar hatte es nicht im Programm. Istvan persönlich entschuldigte sich bei Mirko dafür, er wolle seinen Gästen keine Instantimitate zumuten, und für einen echten Masala Chai habe er wegen der geringen Nachfrage die Zutaten nicht auf Lager. Selbstverständlich könne der Herr einen beliebigen Drink aus dem reichhaltigen Sortiment wählen, das gehe auf Kosten des Hauses. Der Computerfreak entschied sich für eine Art von Ginger Ale, ein Produkt von der Erde mit dem seltsamen Namen *Almdudler*. Dieser Mirko schien ein exzentrischer Kauz zu sein.

Der nächste Kandidat war offensichtlich ein Junkie, er kam sofort zur Sache: »Ich brauche Kohle. Wa-was muss ich machen?« Sie wiesen ihn gleich ab, und er wankte hinaus, Flüche und Beschimpfungen vor sich hin murmelnd. Ein anderer Mann hatte, an der Bar sitzend, das Geschehen schon einige Zeit verfolgt. Er stand auf und stellte sich vor: »Mein Name ist Harry Schultz. Ich habe bisher als Söldner gearbeitet und möchte bei euch anheuern.«

Der Mann wirkte kompetent, besonders bei allem, was mit Sicherheit, Taktik und Strategie zu tun hatte. Aber bevor Sri und Ines Näheres erfahren konnten, krachten die Türflügel zur Seite, drei Männer und eine Frau stürmten herein. Einer der Männer rief: »Ihr habt mich beleidigt, das mag ich nicht, jetzt seid ihr fällig!« Die Eindringlinge zogen Waffen und liefen auf Ines und Sri zu. Ines reagierte sofort und streckte einen mit ihrer Strahlenpistole nieder. Der andere schoss auf sie und traf. Glücklicherweise war es nur ein Streifschuss, der ihren Ärmel verschmorte. Mehr bekam Sri von dem Schusswechsel nicht mit, denn inzwischen war die feindliche Kämpferin mit erhobener Pistole auf sie zu gekommen. Sri schnellte rechtzeitig hoch, der Schuss der Angreiferin ging ins Leere. Im Landen warf Sri die Frau nieder. Sie schlug mit dem Kopf hart auf und regte sich nicht mehr.

Inzwischen war es Ines gelungen, auch den anderen Angreifer auszuschalten. Jetzt war nur noch der Boss übrig. Ein Schuss bellte auf, und Ines flog die Waffe aus der Hand. Er zielte erneut, diesmal direkt auf Ines' Kopf. Langsam, ganz langsam kam er näher. Grinsend weidete er sich an der Todesangst seines Opfers. Sri hockte auf der Frau und konnte nicht rasch genug zu Hilfe kommen. Ines schloss die Augen.

Wie aus dem Nichts tauchte Harry auf, sicherte mit einer Hand die Waffe des Gangsters, die andere krachte auf dessen Kinn. Der Boss fiel um wie ein Sack. Harry rieb sich die Hände und rief Ines fröhlich zu: »Auf gute Zusammenarbeit!«

Der Türsteher kam herein, nahm vor seinem Chef Haltung an und sagte zerknirscht: »Tut mir leid, Boss, ich hatte keine Ahnung. Sie haben die Frau allein vorgeschickt, die war schon öfter hier und wirkte total unverdächtig. Und dann haben sie mich richtig überrannt. Ich konnte gar nichts machen.«

Alle rechneten zumindest mit einer zornigen Strafpredigt, aber der gutmütige Wirt redete eher beruhigend auf den verdatterten Türsteher ein, der den Job erst vor Kurzem übernommen hatte. Ein derartig achtsamer Umgang mit Untergebenen war Sri neu, erschien ihr aber durchaus zielführend. Wahre Loyalität konnte nicht durch Angst und Unterdrückung erzwungen werden, sondern nur aus Respekt und freundschaftlichem Umgang wachsen.

Sicherheitsleute erschienen, nahmen Zeugenaussagen auf und brachten die lädierten Gangster weg. Istvan schmunzelte und sagte mit zufriedener Miene: »Die schmoren sicher einige Zeit in der Zelle! Nicht weil sie so böse sind, nein, der Sicherheitsdienst wird von der Konkurrenz gesponsert. Die eingesessenen Sippen lassen sich nicht gern in die Suppe spucken.«

9 | Der erste Auftrag

»Ich glaube, er ist sauber.« Ines sprach über Mirko. »Das Stationsnetz hat ihn nicht in den Fahndungslisten, ich habe auch in den weniger offiziellen Quellen nichts Verdächtiges über ihn entdeckt, so weit das hier vom Schiff aus möglich war.«

Sri hatte sich auch kundig gemacht und gab zu bedenken: »Die großen Sippen haben weitreichende Beziehungen. Ich denke da an Gondwana oder an die Drachenleute, mit denen hatten meine früheren Herren öfter zu tun. Die könnten leicht Ausweise und sonstige Belege fälschen und uns einen ihrer Leute unterschieben. Immerhin treten wir mit dem deklarierten Ziel an, den Sippen das Piratengeschäft zu verderben.«

Ines nickte. »Ganz sicher können wir nie sein, wir müssen uns auf unser Gefühl verlassen. Allzu viel Spielraum haben wir leider ohnehin nicht, ich hätte mir mehr Zulauf erhofft.«

In der Tat war der Andrang nicht besonders groß gewesen. Den Söldner Harry hatten sie, nachdem auch über ihn nichts Negatives im Netz zu finden war, schon so gut wie angeheuert. Gute Kämpfer waren rar.

»Was ist mit dieser Sigrun?«, fragte Sri. Nach dem Kampfgetümmel hatten sie sich in der Bar noch mit einer Frau unterhalten, die durchaus brauchbar erschienen war.

»Fehlanzeige!«, antwortete Ines. »Sieh dir das an!« Sie hatte mit der Bilderkennung im Netz nach Sigruns Gesicht gefahndet und war fündig geworden. »Lavinia! So heißt Sigrun hier, Mitglied der *Kirche der kosmischen Erweckung.*« Ines las vor: »Mischt euch unter das Volk und bringt allen die wahre Lehre! Die Suchenden werden ... und so weiter, das übliche pseudoreligiöse Sektenblabla. So eine Predigerin brauchen wir auf unserem Schiff nicht.«

»Haben wir jetzt nicht zu wenig Leute?«, gab Sri zu bedenken.

»Das stimmt, für einen guten Geleitschutz sind wir etwas dürftig besetzt. Vielleicht meldet sich ja noch jemand. Ich habe auch Sancho gefragt, ob er was weiß. Er hat gesagt, er wird sich umhören. Übrigens war ihm über Harry und Mirko auch nichts Verdächtiges bekannt. Bei Mirko habe ich trotzdem irgendwie ein komisches Gefühl.«

»Wieso?«

»Ich weiß nicht, irgendwie kommt mir vor ...«

Bordcomputer Benedikt unterbrach sie: »Verzeiht die Störung!«

»Was ist los, Ben?«, frage Ines.

»Im Blickfeld der Außenkameras ist ein Mensch weiblichen Geschlechts aufgetaucht.« Er legte das Bild auf den Monitor. In der Andockschleuse stand eine Frau mit auffälligen Piercings und Tattoos. Die teils strähnig langen, teils kurz geschorenen Haare waren bunt gefärbt. Jung sah sie aus, nicht älter als sechzehn oder siebzehn. Sie schaute sich mit wachen Augen um, entdeckte die Kamera, blickte direkt hinein und begann heftig zu gestikulieren. Ben schaltete den Ton an.

»... mich jemand hören? Kann mich jemand sehen? Hallo, ich bin Zena, Sancho schickt mich. Ich komme wegen des Jobs auf eurem Schiff.«

Ines antwortete über den Außenlautsprecher: »Wir hören dich, warte einen Moment!«

Sie wollte gerade bei Sancho nachfragen, als schon seine Nachricht eintraf. Zena kam tatsächlich von ihm.

»Alles klar!«, gab Ines nach draußen durch. »Ich komme zur Schleuse und hole dich ab.«

Im Raumschiff blickte Zena die riesige Heuschrecke erstaunt an, wirkte aber nicht so überrascht wie die meisten anderen Menschen. »Du bist also die Insektoide, von der Sancho gesprochen hat. Cool! Ich stehe auf Arthropoden.« Sie deutete auf ein Tattoo mit Spinnenmotiv an ihrem Unterarm und ergänzte: »Du solltest aber nicht hier drüben herumstehen, auf dieser Seite riecht es ziemlich nach Strahlung.«

»Da könntest du recht haben, direkt hinter dieser Abdeckung liegt ein Hauptverteilerknoten für die Schiffsenergie. Den muss ich für euch Menschen noch besser abschirmen. Was mich betrifft, brauchst du dir keine Sorgen zu machen. Insekten halten wesentlich mehr Strahlung aus«, erwiderte Sri.

Ines fragte überrascht nach: »Du kannst die Strahlung unmittelbar wahrnehmen?«

Zena nickte.

»Bist du eine Kybernetin?«

»Ja, so werden Leute wie ich oft genannt, der Begriff ist auch gar nicht so übel. Ich bezeichne mich selbst aber noch lieber als posthuman. Mit meinen Implantaten spüre ich elektromagnetische Strahlung auf verschiedensten Wellenlängen.

Infrarot und Ultraviolett sehe ich auch.« Sie zeigte auf ihr linkes Auge, das sich vom rechten deutlich unterschied. »Ich dachte, auf einem Raumschiff kann ich meine speziellen Fähigkeiten am besten einsetzen. Und für brenzlige Situationen habe ich mir noch einige kleine Überraschungen einbauen lassen.« Sie strahlte über das ganze Gesicht. Offenbar betrieb sie die kybernetische Aufrüstung ihres Körpers aus Überzeugung und schien auch großen Spaß daran zu haben.

An den folgenden drei Tagen meldete sich niemand mehr. Ines und Sri beschlossen, nicht weiter zu warten, und legten sie sich auf Mirko, Harry und Zena als Besatzungsmitglieder fest. Nach dem ersten Treffen zum Kennenlernen, bei dem Ines alle großzügig bewirtete, erstellten sie Dienstpläne und übten die Abläufe an Bord mit der neuen Crew. Harry, der am meisten Kampferfahrung besaß, organisierte gemeinsame Trainingseinheiten. Er erstellte verschiedene Bedrohungsszenarien, und die Besatzung übte die nötigen Manöver. Mirko machte sich mit dem Computersystem und der Waffensteuerung vertraut, Zena machten die Außeneinsätze im Raumanzug am meisten Spaß. Ines war das Trainieren in der Gruppe auch deshalb besonders wichtig, weil nur so aus dem zusammengewürfelten Haufen eine richtige Gemeinschaft entstehen konnte. Sie unterstützte auch gemeinsame Freizeitunternehmungen. So spielten sie einige Male zusammen Null-*g*-Ball in einer Halle im Zentrum der Raumstation. Hin und wieder zogen sie durch die Bars in der Peripherie, wobei sie gelegentlich auch bei Istvan vorbeischauten. Belästigungen oder Angriffe gab es keine mehr, ihre Wehrhaftigkeit hatte sich herumgesprochen.

Gerade als sie mit dem Trainings- und Teambildungsprogramm so richtig begonnen hatten, kam eine Anfrage vom interstellaren Frachtunternehmen *4DimTrans* herein. Ein Transportschiff sollte Handelswaren zum Planeten Elysium im Pictoris-System bringen. Ines nahm den Auftrag nach Absprache mit der Crew an. »Da kann ich dir einmal zeigen, wo ich herkomme«, sagte sie fröhlich zu Sri. »Ich bin auf Elysium aufgewachsen.«

Sri reagierte mit einer Körperhaltung, die Ines als Zeichen melancholischer Stimmung zu deuten gelernt hatte. »Ich würde dir auch gern zeigen, wo ich herkomme. Aber ich weiß es ja selbst nicht. Ich fühle mich nicht komplett, so ohne Wurzeln, ohne Heimat, ohne Herkunft.«

Ines antwortete nachdenklich: »Sklavenschicksal! Ich verstehe, dass dir diese Unklarheit zu schaffen macht. Aber vielleicht findest du noch irgendwo Hinweise auf deinen Ursprung. Als Geleitschutz werden wir ja viel herumkommen.«

Das Frachtschiff legte zugleich mit der *Lotosblüte* ab. Nach dem ersten Dimensionssprung unweit von Enana flogen sie den nächsten Sprungpunkt an, der mehr als zehn Tagesreisen entfernt war. Während dieser Zeit behielten Ines und ihre Mannschaft die Umgebung im Auge. Außer ein paar Gaswolken und vereinzelten Asteroiden bekamen die Sensoren allerdings nichts ins Visier. Die Piraten lauerten meistens nicht im freien Weltraum, sondern in der Nähe der Sprungpunkte. Es war also für den Geleitschutz nichts zu tun, und so nutzten sie die Zeit, um ihre technischen und kämpferischen Übungen fortzusetzen.

Nach fast einer Woche hatte sich schon eine gewisse Routine an Bord eingespielt. Die beiden Raumschiffe hatten nach längerer Zeit wieder ihre Triebwerke aktiviert, der gleichmäßige Schub sorgte für normale Schwerkraft. Ines freute sich auf die für den Abend geplante Nahkampfeinheit mit Harry, der nicht nur ein hervorragender Kämpfer war, sondern auch ein äußerst attraktiver Mann.

Der Trainingsraum der *Lotosblüte* war schon von den Vorbesitzern für diesen Zweck eingerichtet worden. Ines und Sri hatten gar nichts umbauen müssen. Von Fitnessgeräten über Bodenmatten bis zu Schutzkleidung und Übungswaffen war alles vorhanden, sogar ein androider Roboter für Kampfsimulationen stand in einer Ecke.

Sri war als Trainingspartnerin besonders begehrt, weil ihre blitzschnellen Bewegungen eine gute Gelegenheit boten, die Reflexe zu schulen. Ines gab sich viel Mühe, im rasanten Hand- und Klauengemenge Sris Angriffe zu parieren, musste aber zahlreiche Treffer einstecken. Erschöpft und frustriert legte sie eine Verschnaufpause ein, trank einen Schluck und beobachtete die anderen. Während Zena den Robosimulator bearbeitete, war Harry gerade mit Mirko beschäftigt, der untrainiert an Bord gekommen war, aber rasch dazulernte. Der schlaksige Computerfreak übte einen spielerischen, tänzerischen Kampfstil, den er als *Capoeira* bezeichnete. Harry hielt nicht viel von dem »Gehopse«, wie er es nannte. Als Ines hinsah, duckte er sich gerade, um Mirkos Angriff auszuweichen. Sein Gegner ging auch tief, stützte sich mit der Hand am Boden ab und ließ sein Bein knapp über Harrys Kopf sausen. Der Söldner musste anerkennen, dass auch Mirkos Tanzerei recht effektiv sein konnte. In einer Trainingspause hörte Sri aufmerksam zu, als Mirko erzählte, dass diese Kampfweise ursprünglich von Sklaven entwickelt worden war.

Schließlich zogen sich alle erschöpft zum Duschen und Ausruhen zurück. Nur Ines wollte mit Harry noch ein paar Befreiungsgriffe trainieren. Er packte sie von hinten und rief ihr zu: »Nun, Ines, sieh zu, dass du loskommst!«

Ines war das Training auf einmal völlig egal, sie raunte Harry zu: »Und wenn ich mich gar nicht befreien will?« Sie entspannte sich und rutschte ein Stück tiefer, wobei sie ihre Pobacke über Harrys enge Hose rieb und seine Erektion spürte. Er lockerte seinen Griff, sie drehte sich zu ihm und sagte: »Siehst du, jetzt bin ich doch freigekommen …« Der Rest ging in einem Kuss unter. Sie schlichen in Harrys Kabine, wo sie sich gegenseitig auszogen und sich eng umschlungen aufs Bett fallen ließen. Ines fand Männer in voller Aktion am aufregendsten, beim Sport, beim Kampf, beim Sex. Die starken Gerüche störten nicht, sie heizten ihre Erregung sogar noch weiter an. Mehrere Stunden liebten sie sich, bis Ines Harry ein letztes Mal küsste, aufsprang, sich anzog und in ihr Quartier eilte.

Obwohl sie völlig ausgelaugt war, lag sie noch länger wach. Was sollte sie davon halten? Sie war bisher vor einer sexuellen Beziehung mit Harry zurückgeschreckt. Sie hatte befürchtet, damit die Dynamik dieser kleinen, eben erst formierten Gruppe durcheinanderzuwirbeln und ihrer eigenen Rolle als Kommandantin nicht gerecht zu werden. Nun gut, jetzt war es passiert, sie würde schon einen Weg finden, damit umzugehen.

Nachdem sie in der nächsten Nacht wieder mit Harry im Bett gelandet war, diesmal in ihrem, fand sie, dass es Zeit wäre, es den anderen zu sagen. Harry stimmte zu. Sie wollte aber nicht alle zusammentrommeln und die intime Neuigkeit hochoffiziell verkünden, sondern die Crewmitglieder möglichst zwanglos und eher einzeln einweihen. Mit Mirko wollte sie anfangen. Sie fand ihn am Morgen allein vor dem Computer und rief ihm von Weitem zu: »Mirko, hast du kurz Zeit?«

Aber der Angesprochene reagierte seltsam. Er bearbeitete hastig die Eingabekonsole – Ines sah gerade noch ein paar Programmsymbole verschwinden – und wandte sich dann mit sichtbar aufgesetzter Unschuldsmiene Ines zu: »Ja, was gibt's?«

Ines vergaß ihr ursprüngliches Vorhaben und fragte nach: »Was machst du da?« Sie sprach schärfer als geplant.

Mirko druckste verlegen herum: »Ja, äh, ja, weißt du, es ist mir ziemlich peinlich ...«

»Sag schon!«

»Ja, ich, äh, ich habe da so ein Spiel auf dem System installiert, auf das stehe ich einfach. Ich wollte nicht, dass mich jemand für kindisch hält oder so, deshalb hab ich das heimlich gemacht und jetzt schnell abgedreht. Außerdem ist es ein bisschen, äh, unanständig. Bitte erspare mir, es dir zu zeigen!«

Er war knallrot im Gesicht geworden. Während sich Ines noch eine Antwort überlegte, betrat Sri den Raum und gab Ines Gelegenheit, zumindest ein wenig Gnade walten zu lassen: »Schon gut, deine Privatsachen gehen mich nichts an, und ich verstehe, dass dir das unangenehm ist. Aber ganz ohne Überprüfung kommst du mir nicht davon. Du bist unser Computerexperte und hast Zugriff auf alle Daten und Programme. Da darf es kein Körnchen Misstrauen geben. Ich werde Sri bitten, der Sache nachzugehen. Vor einer Insektoiden wird es dir wohl nicht so peinlich sein. Zeig ihr alles, was du vor meinem Hereinplatzen am Computer gemacht hast, alle Programme, alle Daten, alle Aktivitäten, und möglichst so, dass man es auch nachprüfen kann. Wirklich alles! Ist das klar?«

»Äh, ja«, stammelte Mirko.

Ines erzählte Sri, was vorgefallen war, und ließ sie mit Mirko allein. Ganz traute sie ihm noch immer nicht. Sie konnte sich zwar nicht vorstellen, dass der anarchische Einzelkämpfer für eine der Mafiasippen arbeitete, aber er könnte ja auch sein eigenes Süppchen kochen und in seiner Spiel- und Experimentierfreude sogar ohne böse Absicht das Schiff gefährden. Harry erzählte sie nichts von dem Vorfall. Obwohl sie mit ihm das Bett teilte, hatte sie auch bei ihm noch Zweifel.

Sie seufzte. Sie hatte jetzt eine eigene Crew, konnte aber niemandem wirklich trauen, am ehesten noch Sri. Es war schon seltsam. Ihre einzige Vertraute hier war eine Riesenheuschrecke, und noch dazu eine, die sie noch vor Kurzem aus gutem Grund für ein blutrünstiges Monster gehalten hatte.

10 | Bewährungsprobe

Am nächsten Tag war Ines zuversichtlicher. Sri hatte sich von Mirko alles zeigen lassen, dann hatte sie noch das Computersystem gezielt auf verdächtige Manipulationen überprüft und nichts gefunden. Mit Harry hatte Ines wieder eine großartige Nacht verbracht, beim Frühstück fand sie endlich eine Gelegenheit, den anderen Bescheid zu sagen, denn die Crew war gut gelaunt in der Kantine versammelt, als Ines dazukam. Mirko startete wieder einmal einen nicht ganz ernst gemeinten Annäherungsversuch bei Zena, den diese wie immer schlagfertig zurückwies. Nachdem das Gelächter abgeflaut war, begann Ines: »Hört bitte her! Ich muss euch was sagen. Nein, nicht als Kommandantin, es ist ganz privat. Aber auf so einem Raumschiff ist nichts wirklich privat, deshalb ...«

Zena warf ein: »Lass mich raten! Es hat was mit Harry zu tun.«

Ines fuhr fort: »Ich wollte ohnehin sagen, dass die Privatsphäre hier etwas dürftig ist, und Gerüchte machen rasch die Runde. Aber Zena, wie kannst du dir so sicher sein?«

Zena deutete auf ihr implantiertes Kameraauge. »Ich habe einen Blick für so was! Im Infraroten sehe ich bei dir und Harry, dass eure Körpertemperatur rasant hochgeht, wenn ihr einander seht, vor allem an gewissen Stellen, ich meine ...«

»Genug jetzt!«, befahl Ines und schmunzelte. »So genau wollte ich es auch wieder nicht wissen.«

Mirko wandte sich Zena zu: »Siehst du, die beiden treiben es miteinander, da könnten doch wir ...«

Auf Zenas strengen Blick hin schränkte er ein: »Nicht einmal ein kleiner Kuss?«

Zena antwortete: »Das könnte gefährlich werden. Seht ihr den kleinen hellen Fleck dort an der Wand?« Sie zielte mit der Spitze ihrer herausgestreckten Zunge auf diesen Punkt, er blitzte auf und war danach schwärzlich verbrannt. »Mirko, willst du wirklich meinen Zungenlaser kosten?«

»Nein, danke! Ich wette, du hast weiter unten ein kleines Kastriermesser eingebaut, um dich vor aufdringlichen Männern zu schützen.«

»Darauf bin ich noch nicht gekommen, danke für den Tipp! Bisher habe ich dort, wo du meinst, nur einen schönen Schmetterling tätowiert. Vielleicht, wenn du brav bist, darfst du eines Tages ...«

Die frivole Heiterkeit wurde jäh unterbrochen. Bordcomputer Ben meldete sich: »Annäherungsalarm! Ein Raumschiff ist auf Abfangkurs in unsere Richtung unterwegs!«

»Piraten!«, riefen Ines, Mirko und Zena gleichzeitig.

Harry ergänzte: »Eigenartig, dass sie uns schon so weit vor dem Sprungpunkt auflauern. Vielleicht gerade deshalb, weil hier noch niemand damit rechnet. Ich glaube, mit der Gemütlichkeit ist es vorerst vorbei.«

»Stimmt!«, bestätigte Ines. »Alle auf Gefechtsstation! Ben, wie ist die Lage?«

»Sie sind in sieben Minuten in Schussweite.«

Mirko nutzte die kurze Zeit, um die Bordgeschütze feuerbereit zu machen. Dann setzte er die VR-Brille auf und legte beide Hände auf die Waffencontroller, während er die Füße auf die Pedale für zusätzliche Funktionen setzte. Er hatte das ausgefeilte Waffensteuerungssystem selbst eingebaut und in zahlreichen Simulationen erprobt. »Auf geht's!«, rief er begeistert. »Schießen wir ihnen ihre Mühle unter dem Arsch weg!«

»Nur nicht unvorsichtig werden!«, sagte Ines. »Das ist keine Simulation, das ist kein Spiel. Ein Gegentreffer kostet nicht nur Punkte, sondern womöglich das Leben, und wir haben nur eins.«

»Keine Angst! Ich werde schon ...«

»Moment, ein Funkspruch! Zena, schalt' auf den Lautsprecher!«

Eine dröhnende Stimme verkündete: »Ihr seid unerlaubt in unser Territorium eingedrungen. Im Namen der Sippe Swastika beschlagnahme ich eure Ladung. Wenn ihr kooperiert, lassen wir euch am Leben – vielleicht!«

Ines flüsterte: »Mirko, Feuer!« Laut sagte sie: »Es wäre dumm von euch zu schießen. Wir haben zwei Nuklearwaffen und mehrere Tonnen Sprengstoff geladen. Da geht ihr mit drauf.«

Während Ines die Piraten mit weiteren leeren Drohungen und Verhandlungsangeboten hinhielt, verschaffte sich Mirko noch einmal Überblick über die taktische Lage. In der Virtual-Reality-Darstellung hatte er den Feind unmittelbar vor sich, dazu wurden Entfernung, Größe, Energieausstoß und andere wichtige Daten eingeblendet. Beim virtuellen Blick über die Schulter erkannte er hinter sich den Frachter, den sie schützen sollten. Ines hatte die *Lotosblüte* zwischen ihn und die Räuber postiert.

Am Piratenschiff, ganz vorn am Bug, ortete der Sensor einen Energieanstieg, der Computer zeigte Mirko diese Zone leuchtend rot. Er brüllte: »Ines, tauch ab!« und spürte, wie ihn die plötzliche Beschleunigung in den Gurt drückte. »Da sitzt also deine Kanone«, murmelte er mit grimmiger Zufriedenheit, richtete die Bordgeschütze auf die Markierung aus und feuerte mehrere Male. Die vergrößerte Darstellung zeigte ein rauchendes Loch im gegnerischen Schiffsrumpf. Eigene Schäden wurden keine gemeldet, Ines hatte rechtzeitig ausweichen können.

Doch nun lösten sich drei kleinere Punkte vom feindlichen Schiff und näherten sich auf unregelmäßig schwankenden Bahnen. »Euch hol ich händisch!« Mit beiden Händen lenkte er Abwehrraketen zugleich gegen zwei der Angreifer und konnte sie auch abschießen. Der dritte Punkt war allerdings plötzlich aus dem Bild verschwunden. Mirko hielt den Atem an, aber der Einschlag blieb aus. Die Rakete musste sie knapp verfehlt haben.

Das Piratenschiff drehte ab und entfernte sich allmählich. Laut Sensordaten hatte Mirko auch eines ihrer Haupttriebwerke erwischt. Er jubelte: »Juhu! Denen haben wir's gezeigt!«

Ben meldete sich: »Alarm! Die Außenluke der Shuttlerampe wurde beschädigt!«

Mirko schaltete auf die Außenkamera. Ein kleines Beiboot hatte sich an ihren Rumpf geheftet. Der verschwundene dritte Flugkörper! Sprühende Funken und kleine Explosionen verrieten, dass sich ein Enterkommando den Weg ins Innere bahnte.

Ines rief: »Wir werden geentert! Harry, Zena und ich gehen zur Shuttlerampe. Waffen scharf! Sri, bleib im Maschinenraum. Mirko, du hältst hier die Stellung!«

Mirko war froh über den Befehl. Trotz seiner Trainingsfortschritte fühlte er sich einem Kampf Mann gegen Mann noch nicht gewachsen. Er würde versuchen, mit den Kameras und Sensoren den Überblick zu bewahren, um die anderen durch Informationen unterstützen zu können.

Ines schaute zurück auf die Brücke, wo Mirko mit aufgesetzter VR-Brille die Kontrollen bearbeitete. Dann stürmte sie mit Harry und Zena los. So schnell die Schwerelosigkeit es erlaubte, hangelten sie sich an den Haltegriffen weiter. Unmittelbar vor der Shuttlerampe warnte Mirko sie über Kopfhörer: »Passt auf, sie sind gleich um die Ecke!«

Die drei hielten an und gaben keinen Laut von sich. Harry zog ein gefährlich aussehendes Ding aus einer Tasche seiner Kampfmontur und ließ es in den abzweigenden Korridor schweben. Von dort hörten sie eine Stimme: »Achtung, Blendgranate! Augen schützen!«

In diesem Moment stieß sich Harry ab und schoss. Zwei Aufschreie verrieten seine Treffer. Dann rief er: »Zwei hab ich erledigt! Mirko, wo sind die anderen?«

»Es sind noch zwei, einer geht Richtung Maschinenraum, der andere klettert in den Laderaum hinunter.«

Harry deutete mit Handzeichen an, dass er die Verfolgung des Ersten übernehmen werde, Zena flüsterte: »Ich geh durch den Wartungsschacht.«

Ines nahm den direkten Weg, so konnten sie den Fliehenden in die Zange nehmen. Doch wenige Meter weiter tauchte aus einer Nische ein fünfter Kämpfer auf, der den Kameras entgangen war, und stürzte sich mit einem Messer auf sie. Ines zog sich mit der rechten Hand am Haltegriff nach hinten, mit der linken packte sie die Messerhand des Angreifers, der, seines Zieles beraubt, an die Wand prallte. Ines nutzte den kurzen Moment, um sich mit dem Fuß anderswo festzuhaken. Mit beiden Händen drehte sie ihm den Arm um, bis er aufschrie und das Messer losließ. Bevor er einen Halt fand, krachte Ines' Ellbogen auf seine Schläfe. Mit der anderen Hand zog sie ihn zu sich und schlug mit der Faust auf sein Kinn. Volltreffer! Er war sofort k. o. Rasch fesselte sie ihn an Händen und Füßen und ließ ihn im Korridor treiben.

Sie hatte auf Elysium jahrelang Null-*g*-Jiu-Jitsu trainiert und an mehreren Meisterschaften teilgenommen. Damals hätte sie nie gedacht, dass dieser Kampfsport auch für den Ernstfall geeignet war. Die taktischen Prinzipien waren ihr in Fleisch und Blut übergegangen. *Haltegriffe benutzen, wer frei schwebt, ist im Nachteil! Halt den Gegner fest, sonst driftet er nach einem Treffer davon!* Vor allem diese beiden Leitsätze hatten ihr gute Dienste erwiesen.

Sie hangelte sich weiter in Richtung Laderaum, um nach Zena zu sehen. Statt der Kybernetin tauchte aber die Piratin auf, die sie verfolgt hatten. Wie die anderen Eindringlinge hatte sie den sperrigen Raumanzug abgelegt. Jetzt zielte sie mit einer Projektilwaffe auf Ines, die sich nach Deckung umschaute. Aber da war nichts.

»Warum schießt sie nicht?«, dachte Ines verzweifelt.

Im nächsten Moment griff sich die Piratin mit der freien Hand an den Hals und driftete ab. Zena erschien im Ausgang des Wartungsschachts.

»Ich weiß, es ist unhöflich, mit dem Finger auf andere Leute zu zeigen«, meinte sie grinsend und hob ihren Zeigefinger. Ines entdeckte einen feinen Kanal in der Mitte des lackierten Fingernagels und fragte: »Schießt du mit Nadeln?«

Die Kybernetin nickte. »Zena kann ganz schön giftig werden, wenn man sie ärgert.«

Ines legte den Arm um sie und drückte sie an sich. »Danke!«

Einen Moment später brachen sie zum Maschinenraum auf. Im Korridor schwebte der Pirat, den Harry gefesselt hatte, und bedachte sie mit wüsten Flüchen.

Doch dann hatte Ines freien Blick in den Maschinenraum. Was sie dort sah, kam völlig unerwartet und erfüllte sie mit Wut und Entsetzen.

»Sri!«

Die Insektoide hielt Harry mit den Klauen fest und war gerade dabei, ihn mit ihren mächtigen Kieferzangen zu erwürgen. Harry blutete am Hals, seine Waffe, die Sri ihm offenbar aus der Hand geschlagen hatte, schwebte in unerreichbarer Entfernung durch den Raum. Er rang nach Luft und keuchte: »Zielvorgabe komplett ändern! Zielvorgabe komplett ändern!«

Sri drückte zu. Harry baumelte in ihren Klauen wie eine schlaffe Stoffpuppe, seine Augen blickten nur mehr starr ins Leere. Ein pulsierender Blutstrahl drang aus seinem aufgerissenen Hals und verteilte sich zu schwebenden roten Kugeln, ehe er versiegte.

Ines war außer sich. »Monster! Mörderin!«, schrie sie mit überkippender Stimme und richtete mit zitternden Händen ihre Waffe auf Sri.

Die Riesenheuschrecke zischte: »Nicht schießen! Nicht schießen!«

N'cht sch'ß'n! Ines erinnerte sich an ihre erste Begegnung. Sie ließ die Waffe sinken und fragte mit zitternder Stimme: »Warum hast du das getan? Warum?«

Sri antwortete hastig: »Notwehr! Wie damals. Harry hat mich angegriffen.«

Mirko meldete sich: »Sie sagt die Wahrheit, ich hab über die Kamera alles gesehen. Scheiße, es ist so schnell gegangen, ich konnte nichts machen. Ines, schieß nicht auf Sri! Der Bösewicht war eindeutig Harry.«

»Aber warum? Warum wollte er dich töten?«, fragte Ines.

»Sabotage!«, erwiderte Sri. »Das ist die plausibelste Erklärung. Er wollte im Maschinenraum etwas manipulieren, dabei war ich ihm im Weg.«

Sie durchwühlte mit ihren Klauen seine Taschen. »Seht her! Er hat genau die richtigen Schlüssel und Zangen, um die Außenabdeckung der Reaktorvorkammer zu öffnen. Aber was wollte er dort?«

»Da kann ich vielleicht weiterhelfen«, meldete sich Ben. »Meine Mustererkennungsalgorithmen haben im Maschinenraum etwas entdeckt, das dort nicht hingehört.«

»Stimmt!«, bestätigte Mirko. »Ben hat mir das Kamerabild auf die Brille gelegt. Er hat auf die Ecke links unten gezoomt, gleich neben der Kühlflüssigkeitsleitung. Dort scheint etwas zu liegen. Schaut einmal nach!«

Tatsächlich lag ein unscheinbarer, kaum sichtbarer Behälter unter dem Rohr. Sri zog ihn hervor und packte ein seltsames Bauelement aus, das Ines an eine Designerkaffeekanne erinnerte.

Sri erkannte sofort, was es war: »Das ist ein Plasmastrom-Rückkoppler. Solche Module dienten als Zünder der Thermobomben, die kenne ich von meinem früheren Schiff. Wenn man dieses Ding in eine Plasmaleitung einbaut, passiert erst einmal gar nichts, es lässt sich aber ferngesteuert aktivieren. Und dann explodiert das Plasma und nimmt in einem Rückkopplungsprozess den ganzen Reaktor mit.«

Ines murmelte kopfschüttelnd in sich hinein: »Harry! Er wollte uns hochgehen lassen. Ich habe ihm vertraut! Ich habe mit ihm geschlafen! Ich habe ihn nicht durchschaut. Was bin ich doch für eine miese Kommandantin! Er wollte uns töten, er wollte mich töten.«

Zena legte ihr den Arm auf die Schulter und sagte: »Sieht so aus! Er hatte sicherlich schon länger auf eine Gelegenheit gewartet und wollte das Durcheinander nach dem Piratenangriff nutzen. Ich bin sicher, er wurde von einer der größeren Sippen eingeschleust. Nur die können sich einen so guten Kämpfer und eine so gut gefälschte Identität leisten.«

Sie sperrten die beiden noch lebenden Piraten in getrennte, gut verschließbare Abteile neben dem Laderaum, die anscheinend schon früher als Gefängniszellen benutzt worden waren. Die Toten, auch Harry, warfen sie aus der Luftschleuse. Sie hätten am Zielort nur unnötiges Aufsehen erregt.

Sie begleiteten das Frachtschiff zu seinem Bestimmungshafen. Dort lieferten sie die Gefangenen an den Sicherheitsdienst aus, der auf dieser Station, wie Ines wusste, nicht von der Swastika-Sippe kontrolliert wurde. Damit war sichergestellt, dass die Piraten länger hinter Schloss und Riegel bleiben würden. Der Kommandant des Frachtschiffs bedankte sich überschwänglich für den erfolgreichen Kampfeinsatz, ebenso der örtliche Vertreter der Transportfirma, der auf den vereinbarten Lohn noch einiges drauflegte.

Aber Ines konnte sich nicht so recht über den Erfolg freuen. Die Sache mit Harry hatte sie doch ziemlich aus dem Gleichgewicht gebracht. Ihr war die Lust auf einen Landurlaub gründlich vergangen, auch die anderen wollten sich dort nicht länger aufhalten. Deshalb brachen sie bald wieder auf.

Von Harrys Sabotage und seinem Ende erzählten sie niemandem etwas.

11 | Neuirland

Zurück auf *Enana Roja* machten sie sich gleich daran, die aufgesprengte Shuttlerampe wieder instand zu setzen. Nach ihrem erfolgreichen Einsatz rechneten sie sich gute Chancen aus, schon bald einen neuen Auftrag zu bekommen.

Sri hatte Sancho schon mehrmals aufgesucht, um Material für die Reparaturen zu besorgen. Der Händler hatte sich rasch an das ungewöhnliche Äußere seiner neuen Kundin gewöhnt und sie als kompetente Technikerin zu schätzen gelernt. Beim nächsten Mal wurde sie von Ines begleitet, die Sancho von Harrys Verrat erzählte und ihn fragte, ob er jemanden kenne, der ihn ersetzen könne. Die Crew brauche gute Kämpfer, doch Ines wolle niemanden mehr ohne persönliche Empfehlung anheuern.

Doch Sancho schüttelte den Kopf. »Leider, im Augenblick fällt mir niemand ein. Ich gebe euch Bescheid, wenn ich was erfahre.« Nach kurzer Pause fuhr er fort: »Dafür hätte ich einen Geleitschutzjob für euch.«

»Ausgezeichnet!«, antwortete Ines. »Um wen geht es?«

»Um mich selbst. Ich müsste unbedingt wieder einmal ins Avalon-System. Manche Sachen bekomme ich einfach nur dort. Und meine alte Kiste ...«

»Noch immer die *Don Quijote*?«

»Ja, die ist leider nicht so gut bewaffnet. Damals, als ich sie mir zulegte, waren halt noch bessere Zeiten, da lauerte nicht an jedem Sprungpunkt eine Horde Piraten. Deshalb brauche ich euch.«

»Avalon, das ist ja ganz draußen in den Randgebieten.«

»Ja, Region Sagittarius, in Richtung galaktisches Zentrum. Ich plane diesen Trip schon länger, aber bisher wollte mich niemand eskortieren.«

»Warum?«

»Der Sagittarius-Sektor gilt seit einiger Zeit als äußerst gefährlich. Angeblich gab es dort mysteriöse Überfälle. Man redet von mehreren, völlig zerstörten und ausgeräumten Wracks, ohne Überlebende. Sind zwar nur Gerüchte, niemand weiß Genaueres, auch nicht, wer dahintersteckt. Aber gerade, weil man so wenig weiß, sind viele sehr beunruhigt.«

Ines fragte: »Sri, was meinst du, sollen wir trotzdem zusagen, auch ohne Ersatz für Harry?«

Sri hatte aufmerksam zugehört. Ihr war nicht entgangen, dass Ines zögerte. Vermutlich hätte sie die gefährliche Tour sofort abgelehnt, wenn Sancho nicht ein alter Freund von ihr gewesen wäre. Sri hatte weniger Bedenken. »Ja, das schaffen wir sicher. Solche Enteraktionen und Nahkämpfe, wie wir sie schon hinter uns haben, gibt es ohnehin nur selten. Mit unserer guten Bewaffnung sollten wir dafür sorgen, dass es gar nicht so weit kommt.«

Auch Ines stimmte letztlich zu. Sie würden aber erst in ein paar Tagen aufbrechen, weil Sancho vorher noch einiges zu erledigen hatte. Nach den Reparaturen nutzte Sri die Zeit, um erneut über Harry zu recherchieren, denn inzwischen hatten Kurierschiffe neue Daten in das Stationsnetz eingespeist. Den aktualisierten Nachrichten zufolge war in einem etliche Lichtjahre entfernten System vor einigen Wochen ein Söldner namens Harry Schultz getötet worden. Die Behörden hatten die Gondwana-Sippe in Verdacht. Sri war sich ziemlich sicher, dass der unglückliche echte Harry nur für den Identitätsdiebstahl dran glauben musste. Nach ihren früheren Erfahrungen traute sie der Spezies Mensch so ziemlich jede Skrupellosigkeit zu.

Es gab auch Neuigkeiten aus dem Sagittarius-Gebiet. Ein Raumschiff hätte schon vor zwei Wochen von dort zurück sein sollen, es wurde für vermisst erklärt. Als eine ganz neue Meldung von einem weiteren Notruf aus diesem Sektor hereinkam, gab die Stationsleitung eine offizielle Warnung aus, Sagittarius anzufliegen.

Beim Durchforsten der Datennetzwerke wurde Sri auf den Planeten Neuirland im Draconis-System aufmerksam, der ihr Interesse weckte. Allerdings enthüllten die dürftigen Informationen keine Einzelheiten. Sie musste tiefer in die Archive eindringen und längst stillgelegte Datensicherungen reaktivieren, bis sie endlich auf einen etwas detaillierteren Bericht stieß. Dieser ließ ihr Insektenherz allerdings schneller schlagen.

Neuirland, auch der Grüne Planet genannt, war demnach eine niederschlagsreiche Welt, deren Landflächen von üppig grünen Wiesen und Weidegründen dominiert wurden. So gut wie alle von der Erde hergebrachten Pflanzen gediehen hier prächtig. Die Kolonisten wollten ursprünglich Rinder, Schafe und Lamas halten. Später experimentierten sie mit dem Züchten und der gentechnischen Veränderung von irdischen Heuschrecken. Sie hatten die Absicht, sowohl die Körpergröße als auch die Intelligenz der Insekten zu steigern.

Mehr Informationen gab es nicht. In den offiziellen Navigationsdatenbanken galt der Planet als aufgegeben, sofern er überhaupt erwähnt wurde. Er wurde praktisch nie mehr angeflogen, zumal er in der Randzone lag, nicht allzu weit von der berüchtigten Sagittarius-Region entfernt.

Sri war trotzdem begeistert. Genetisch veränderte Heuschrecken! Neuirland war möglicherweise der Schlüssel zum Geheimnis ihrer Herkunft. Sie bestürmte Ines, dem Grünen Planeten einen Besuch abzustatten. »Bis Sancho reisefertig ist, sind wir längst wieder zurück. Ines, das wäre doch eine gute Gelegenheit, uns in der Randzone einmal umzusehen!«

Ines zögerte, ließ sich aber überreden. Auch Mirko und Zena, denen ohnehin schon langweilig geworden war, sagten sofort zu.

So schwenkte die *Lotosblüte* bald in den Orbit um Neuirland ein. Sri plante, nach einigen Umkreisungen zur Erkundung des Geländes allein auf dem Planeten zu landen. Die anderen wandten ein, dass das zu gefährlich sei, Sri solle jemanden mitnehmen. Doch sie wollte davon nichts wissen. Dieser Einsatz sei ihre ganz persönliche Sache, deshalb wolle sie niemanden mit hineinziehen. Ines willigte schließlich ein. »Pass gut auf dich auf, und komm bald wieder zurück! Du wirst mir fehlen.«

Sri hatte in den letzten Tagen viel Zeit damit verbracht, Ines zu trösten, der die Sache mit dem falschen Harry doch ziemlich zugesetzt hatte.

Ines fuhr fort: »Es geht schließlich nichts über eine gute Freundin, bei der man sich ausreden kann. Na gut – fast nichts.«

Zena fragte mit gespielter Unschuldsmiene: »Was könnte es da wohl noch geben? Darf ich raten: Es fängt mit M an und hört mit Ann auf?«

»Du hast mich durchschaut, aber es sollte schon einer sein, der mich nicht hintergeht. Dann kommt sogar die Lust auf Sex wieder.«

»Vielleicht könnte ich da helfen«, erwiderte Sri. »Schließlich sind wir ja Freundinnen. Mein Legestachel hätte ungefähr die richtige ...«

Der Rest ihres deftigen Scherzes ging in Mirkos und Zenas Gelächter unter. Ines wurde rot, konnte dann aber mitlachen und erwiderte: »Na, Sri, da sind wir erst so kurz im Geschäft, und schon hast du dir den rauen Söldnerhumor angeeignet.«

Sri wurde nachdenklich. Da witzelte sie mit den anderen so leichtfertig über Sex drauflos, über menschlichen Sex, aber was war mit ihrer eigenen Sexualität? War sie dazu überhaupt fähig? Wie fühlte sich das an? Gab es bei ihrer Spezies auch das, was die Menschen Liebe nannten? Sie wusste so wenig über ihre Art und so wenig über sich selbst. Vielleicht fand sie dort unten einige Antworten.

Etwas später manövrierte sie das Landefahrzeug aus der frisch reparierten Shuttlerampe. Vor dem Aufbruch hatte sie das Cockpit für ihre Bedürfnisse umgebaut. Aus der Umlaufbahn war außer weißen Wolken, blauem Meer und grünem

Land nicht viel zu erkennen gewesen, abgesehen von einer Struktur auf dem äquatornahen Kontinent, die wie eine Siedlung aussah. Auf Funksignale reagierte allerdings niemand. Sri beschloss, dort zu landen.

Nachdem das Shuttle aufgesetzt hatte, sah sie sich vorsichtig um, vorerst ohne auszusteigen. Sie war auf einer Wiesenfläche niedergegangen. In einiger Entfernung waren verfallene und überwucherte Gebäude zu sehen. Sri überzeugte sich, dass die Atmosphäre atembar war. Sie öffnete die Luke und stieg aus.

Da nahm sie in der Siedlung eine Bewegung wahr. Verflixt, vielleicht war es doch dumm gewesen, allein herzukommen! Sie wollte zum Shuttle zurück, als etwas auf sie zu kam.

Sie konnte kaum glauben, was sie sah. In weiten Sprüngen näherte sich eine Riesenheuschrecke! Eine Artgenossin, die erste, die sie in ihrem Leben zu Gesicht bekam! Sie hatte einen Legestachel, also war sie eine Heuschreckenfrau. Sie begrüßte Sri mit freundlichem, aber unverständlichen Gezirpe.

Sri brachte stammelnd hervor: »Ich – verstehe – nicht!«

Die Fremde hüpfte davon, kurz darauf erschien ein Heuschreckenmann, der sie fragte: »Du sprichst die Menschensprache?«

Sri war nicht gleich fähig zu antworten. Jahrelang hatte sie diese Begegnung herbeigesehnt. Und jetzt begann dieser grüne Kerl ganz einfach eine Unterhaltung mit ihr, als ob es die normalste Sache der Welt wäre. Das erschien ihr völlig unwirklich.

Schließlich war sie bereit, auf seine Frage einzugehen. »Äh – sagtest du Menschensprache? Ja, ich war gezwungen, sie zu lernen. Ich war Sklavin der Menschen.«

»So wie ich. Ich konnte fliehen und fand hier eine neue Heimat.«

Inzwischen waren sie von zahlreichen weiteren Riesenheuschrecken umringt, die Sri und ihre Landefähre neugierig musterten.

Sris Angst war endgültig verflogen, sie war nur mehr fasziniert. Es gab so viele von ihrer Art! In ihrer Mitte fühlte Sri sich aufgenommen und geborgen. Es tat ungemein gut, Teil eines Schwarms zu sein.

Ihr Gesprächspartner erzählte ihr, dass die Insektoiden auf Neuirland ursprünglich von Menschen gezüchtet worden waren. Nicht wegen des Fleisches, sondern als Nutztiere und – nach gentechnischer Intelligenzsteigerung – als Arbeitssklaven. Irgendwann verschwanden die Menschen, wie und warum, wusste niemand mehr. Die verbliebenen Riesenheuschrecken gediehen gut auf dem Grünen Planeten, und ihre Nachkommen besiedelten inzwischen weite Teile Neuirlands. Gelegentlich schlugen sich auch versklavte Insektoide, denen die Flucht gelungen war, bis hierher durch und schlossen sich der Population an. Manchmal tauchten aber auch Sklavenjäger auf, die einzelne Heuschrecken fingen oder die Brut entführten. Die Jungen vor der letzten Häutung verfügten nur über wenig Intelligenz und waren leichte Beute. Deshalb reagierte die Insektoidenkolonie nicht auf Funksprüche und war auch nach Sris Landung zuerst sehr vorsichtig gewesen. Mit großer Wahrscheinlichkeit war Sri eines dieser entführten Kinder.

Sri hatte das Geheimnis ihrer Herkunft gelüftet. Tief bewegt und voller Wissbegier wollte sie nun unbedingt mehr erfahren. Der Heuschreckenmann geleitete sie in ein halb eingestürztes Gebäude. In einem Keller, der dem Verfall getrotzt hatte, standen Computer, die noch funktionierten. Einige der entlaufenen Sklaven verfügten von ihren früheren Einsätzen über technisches Grundwissen. Sie waren auf die Datenbankserver der menschlichen Kolonisten gestoßen. Ein großer Teil der Daten war allerdings verschlüsselt und deshalb unzugänglich geblieben.

Sri sah sich die Speicherinhalte sofort an. Das Dechiffrieren von Codes war schließlich ihre Spezialität. Die Menschen hatten ihr allerdings eine harte Nuss zu knacken aufgegeben, denn die Verschlüsselung war äußerst raffiniert. Sri brauchte mehrere Stunden, bis sie die Daten endlich im Klartext abrufen konnte.

Zur Sris Enttäuschung blieben die großen Fragen unbeantwortet. Waren die Menschen freiwillig abgezogen? Waren sie von den Insektoiden getötet worden? Hatten sie sich gegenseitig umgebracht? Von wo waren sie gekommen? All das und vieles mehr würde sie wohl nie erfahren.

Immerhin kam eine Menge technischer Details zutage. So war der entscheidende Schritt bei der Zucht der Riesenheuschrecken eine gentechnische Modifikation des Chitins gewesen, des Grundbestandteils der festen Hülle aller Insekten. Dadurch wurde das Außenskelett bedeutend leichter und ermöglichte das enorme Größenwachstum. Eine Heuschrecke von Sris Größe würde mit einem Panzer aus normalem Chitin unter ihrem eigenen Gewicht zusammenbrechen. Staunend machte sich Sri mit der Tatsache vertraut, dass ihre Vorfahren irdische Heuschrecken waren – niedliche kleine Grashüpfer, nicht größer als das Endglied ihrer Vorderklaue.

Auch über die Steigerung der kognitiven Fähigkeiten waren Daten zu finden. Das war eine große Herausforderung für die Züchter gewesen. Sie wollten zwar eine rudimentäre Intelligenz erzeugen, um ihre Geschöpfe auch für komplexere Arbeiten einsetzen zu können. Auf der anderen Seite sollten die Sklaven ihren Herren geistig nicht über den Kopf wachsen. Sri stellte belustigt fest, dass dieser Plan nicht aufgegangen war. Sie hatte schon während ihres Sklavendienstes erkannt, dass sie den Menschen zumindest ebenbürtig war. Offenbar war sie keine Ausnahme, deshalb hatte man in die Heuschrecken eine Hemmung eingebaut, Menschen Schaden zuzufügen. Jetzt wusste Sri, warum sie sogar in Notwehrsituationen zögerte zu töten, und sie war froh, dass dieser künstlich implantierte Instinkt bei ihr nicht allzu stark ausgeprägt war. Sie hatte ihn mit Willenskraft überwinden können, sonst hätte sie nicht überlebt. Vielleicht war es auch dieser nachträglich einprogrammierte menschenorientierte Wesenszug, der ihr damals auf Pitcairn geholfen hatte, zu Ines Vertrauen zu fassen.

12 | Instinkte

Sri erzählte ihren gespannt zuhörenden Artgenossen, was sie herausgefunden hatte. Es fiel ihr aber nach einiger Zeit immer schwerer, sich zu konzentrieren. Sie verspürte eine zunehmende innere Unruhe, verbunden mit einem Ziehen im

Bauch, wie sie es noch nie erlebt hatte, und einem enormen Appetit. Sie fragte eine andere entlaufene Sklavin um Rat. Diese reagierte begeistert. »Gratuliere! Du bekommst Nachwuchs!« Auf Sris fragende Gestik hin fuhr sie fort: »In deinem Körper beginnen Eier zu reifen.«

»Aber warum gerade jetzt und gerade hier? Das kann doch kein Zufall sein!«

»Ist es auch nicht. Pheromone! Wir haben schließlich viele Männer hier, da liegt immer was in der Luft. Die Eier sind in drei Tagen fertig, dann brauchst du einen Mann, der bereit ist für die Befruchtung, und ein gutes Plätzchen zum Legen.«

Sri funkte sofort die *Lotosblüte* an. Sie hatte ursprünglich nur einen Tag eingeplant und war nicht sicher, ob Ines bereit sein würde, länger zu bleiben.

Ines zerstreute ihre Befürchtungen: „Was sagst du, du wirst Mama? Das ist ja großartig! Mein Gott, ich fasse es nicht! Bei euch Insekten geht das so schnell, das muss ich erst einmal verdauen. Nimm dir die Zeit, die du brauchst, und lass es dir gut gehen! Und wenn du wieder zurückkommst, musst du mir alles ganz genau erzählen. Vor allem, wie es mit deinem Partner so gelaufen ist."

Die nächsten Tage verbrachte Sri vor allem mit Essen, von den anderen liebevoll umsorgt. Sie fühlte sich so wohl wie noch nie in ihrem Leben. Endlich nahm sie sich bewusst als Frau wahr und genoss die Geborgenheit des Schwarms. Während die Eier in ihrem praller werdenden Bauch reiften, wuchs ein weiteres neuartiges Gefühl in ihr. Sie sehnte sich immer stärker nach Nähe und Körperkontakt mit einem Heuschreckenmann. Nun verstand sie, was Ines mit dem Wort »geil« meinte, sie konnte auch besser nachvollziehen, wie sehr sich ihre Freundin zum falschen Harry hingezogen gefühlt hatte.

Am dritten Tag hielt sie es fast nicht mehr aus, ungeniert fragte sie den Gesprächspartner vom Landeplatz, ob er mit ihr vögeln wolle.

Er antwortete: »Sehr gern, aber nicht sofort. Ich glaube, ich brauche ein wenig Vorspiel.«

»Was meinst du mit Vorspiel?«

»Ich singe!«

Er zirpte so kraftvoll, so klar, so rhythmisch und so melodisch, dass sich Sris Erregung bis zur Ekstase steigerte. Sie konnte sich nicht mehr beherrschen und sprang ihrem singenden Partner auf den Rücken. Er ging ein wenig in die Knie, um den Stoß abzufedern, in dieser Stellung verharrten sie. Durch Sris Hinterleib wogte ein lustvolles Hochgefühl von unerwarteter Intensität. Sie sah nicht hin, spürte aber, dass er sie irgendwie mit feinen Stacheln packte und ein Samenpaket direkt auf ihre – wie hatte Ines es genannt? – Muschi klebte. Nach wenigen Minuten war der Spaß vorbei. Sie stieg von ihm herunter und sagte: »Danke, das war toll!«

»Für mich auch«, antwortete er und hüpfte davon.

Der rasche Abschied war Sri recht, denn jetzt wollte sie ihre Ruhe haben. Auch der Hunger meldete sich wieder. Sie langte mit dem Kopf nach hinten und begann genüsslich, den äußeren Teil des Samenpakets zu verspeisen. Das weißliche, gallertige Zeug sah seltsam aus, aber es schmeckte hervorragend. Schließlich war sie satt und völlig erschöpft. Ohne sich noch etwas zum Festklammern zu suchen, schlief sie auf der Stelle ein.

Sie erwachte von einem Kribbeln im Legestachel, der in den letzten Tagen länger und dicker geworden war. Während ihres Schlafes hatte er noch einmal kräftig zugelegt, auch ihr Bauch war jetzt zum Platzen prall. Sie stakste behäbig zu den anderen. Die Heuschreckenfrau, die sie schon einmal um weiblichen Rat gefragt hatte, begrüßte sie erfreut: »Ah, du bist so weit. Hat es Spaß gemacht?«

Sri bejahte, und die andere half ihr, einen Platz für die Eiablage zu suchen. Sie riet von einer Stelle direkt am Fluss ab, wegen des Grundwassers und der Überflutungsgefahr. Sri war schon ganz zappelig vor lauter Ungeduld. Endlich, auf der sonnseitigen Schräge einer nahen Böschung, gab ihre Mentorin grünes Licht. Ohne Hast, aber doch zügig bohrte Sri ihren Legestachel in den Boden und ließ ein kleines Ei in die Erde gleiten. Das wiederholte sie viele Male, mehrere Stunden lang. Es war ein angenehm ruhiger, meditativer Akt und ein schöner Kontrast zur heftigen Erregung beim Sex.

Sri verspürte einen starken Impuls, auf dieser Welt, auf ihrer Welt, zu bleiben. Aber sie hatte trotz der traumatischen

Erfahrung als Sklavin auch unter Menschen ein Zuhause gefunden. Es wäre ihr schäbig vorgekommen, ihre Freunde einfach so im Stich zu lassen. So verabschiedete sie sich schweren Herzens von der Insektoidenkolonie und flog zurück zum Mutterschiff, wo sie schon ungeduldig erwartet wurde.

Ines begrüßte sie: »Endlich bist du da! Ich freue mich so! Einen Moment, ich steuere uns noch schnell aus der Umlaufbahn. Wenn wir auf Heimatkurs sind, können wir reden.«

Alle bombardierten Sri gleich mit Fragen, begeistert berichtete sie, was sie über ihre Herkunft herausgefunden hatte. Im Erzählen brachte sie Ordnung in die Vielzahl der überwältigenden Eindrücke, so formte sich das Erlebte erst jetzt allmählich zur Wirklichkeit, zur umfassenden Antwort auf die Grundfragen ihrer Existenz.

Später, als sie mit Ines allein war, sprachen die Freundinnen auch ausführlicher über ihr sexuelles Erlebnis. Ines meinte: »Schön, dass es dir gefallen hat. Willst du ihn denn nicht wiedersehen?«

»Nein.«

»Aber warum nicht? Du hast ja gesagt, dass er gut war.«

»Schon, aber das ist jetzt vorbei. Beim nächsten Mal wird's er oder ein anderer. Bei uns Insektoiden ist das Zusammengehörigkeitsgefühl auf die Zeit des Zeugungsaktes beschränkt. Jetzt ist er mir wieder relativ egal, nicht mehr als ein netter, flüchtiger Bekannter. Ich weiß nicht einmal seinen Namen. So was wie Verliebtheit, Liebe oder Treue ist in unserem Instinktgefüge nicht angelegt. Bei ihm war es nicht anders. Als wir fertig waren, war er sofort auf und davon.«

»Nun, das habe ich bei Menschenmännern auch schon erlebt. Aber wie ist es mit den Eiern? Da wachsen ja deine Kinder heran! Machst du dir keine Sorgen um sie?«

»Nein, auch zu ihnen gibt es keine so dauerhafte Bindung wie bei Menschen oder anderen Säugetieren. Ich habe einen guten Platz für das Gelege gefunden, meine angeborene mütterliche Sorge ist damit befriedigt. Wenn ich den Planeten später wieder besuche, – vielleicht bleibe ich eines Tages sogar dort –, werde ich gar nicht wissen, welche von den jungen Hüpfern von mir sind. Meine Zuneigung gilt dem ganzen Schwarm.«

»Und möchtest du es nach so einer guten Erfahrung nicht gleich wieder treiben?«

»Nein, fürs Erste bin ich zufrieden, und das wahrscheinlich über einen längeren Zeitraum. So dauergeil wie Homo sapiens ist ja sonst kaum eine Spezies.«

13 | Kontakt

»Ben, wie lang ist es noch bis zum nächsten Sprungpunkt?«, fragte Ines den Bordcomputer.

»Noch zwei Tage und dreizehn Stunden.«

Seit dem letzten Sprung waren sie im Konvoi mit Sanchos *Don Quijote* schon über eine Woche mit Unterlichtgeschwindigkeit unterwegs. Diese lange Zwischenstrecke lag bereits am Rand der Sagittarius-Region. Der nächste Sprung würde sie in die Mitte dieser verrufenen Zone führen.

Sancho war allein auf seinem Schiff, er hatte keine Crew angeheuert. In solchen Fällen übernahm der Geleitschutz auch die technische Betreuung. Für diesen Job hatte sich Zena gemeldet, sie war seit dem Aufbruch schon mehrere Male an Bord der *Don Quijote* gewesen. Der leutselige Händler hatte sich bereits auf Enana mit der Kybernetin angefreundet, obwohl Ines aus den Funkgesprächen herauszuhören meinte, dass er das junge Mädchen nicht ganz für voll nahm. Derzeit war Zena wieder auf der *Lotosblüte*. Ines war froh darüber, sie hatte kein gutes Gefühl, wenn die ohnehin kleine Besatzung nicht komplett war.

Nach ein paar Minuten meldete sich Ben. Annäherungsalarm! Er gab Anflugrichtung und Größe des Objekts durch. Es war deutlich kleiner als die *Lotosblüte*. Ines bezog sofort Position zwischen Sanchos Schiff und dem unbekannten Flugkörper. Dieser Kontakt mitten in der Leere zwischen den Sprungpunkten erschien ihr äußerst seltsam. Vielleicht machten gerade solche unerwarteten Angriffe – wenn es denn ein Angriff war – die Gefährlichkeit dieses Sektors aus. Nun, bald würden sie mehr wissen, vielleicht mehr, als ihnen lieb war.

Mirko meldete: »Ein Funkspruch kommt herein! Das Signal ist verschlüsselt. Ben, kannst du es decodieren?«

»Leider nein! Meine Datenbanken enthalten keine Informationen über Bitverschlüsselung und Übertragungsprotokoll. Ich erkenne nur, dass sich die Nachricht ständig wiederholt.«

Ines beschloss, trotzdem zu antworten: »Hier Geleitschiff *Lotosblüte*. Wir haben keine feindlichen Absichten. Wenn Sie Ihre Waffen nicht aktivieren, können wir friedlich verhandeln.«

Sie wies Ben an, die Nachricht in einer Endlosschleife zu wiederholen. Außerdem sollte er für die Übersetzungscomputer der Fremden die Sprachdatenbanken übermitteln.

Doch die Unbekannten verstanden nicht, oder sie wollten nicht verstehen. Nur eine Minute später registrierte Ben einen Treffer außen auf der Steuerbordseite.

Mirko meldete: »Dem Schiff ist nichts passiert. Sie haben nur mit ganz geringer Intensität gefeuert, es war nicht viel mehr als ein Streicheln. Ich halte das für einen Warnschuss. Wir sollen von hier verschwinden.«

Ines nickte. »Das würde ich nur allzu gern. Ich kann aber nicht weg, ich muss die *Don Quijote* schützen. Mirko, Waffen aktivieren!«

Kurz darauf kam schon ein heftigerer Treffer, jetzt hatte es die Landekufen erwischt. Ines wich seitlich aus und konnte so dem nächsten Schuss entgehen. Mirko feuerte zurück, sie wurden aber wieder getroffen, diesmal zentral, die Instrumente zeigten ernsthafte Schäden an der Hülle. Ines flog weitere Ausweichmanöver. Ihre Kaffeetasse, die sie vergessen hatte zu fixieren, wurde kreuz und quer durch den Raum geschleudert. Während Mirko das angreifende Schiff weiter unter Beschuss hielt, kommentierte er: »Da haben wir ganz schön was abgekriegt. Jemand sollte endlich Energieschutzschilde erfinden. In den Spielen gibts das schon lange. Ines, flieg uns zu ihrem Hinterteil! Vielleicht erwische ich ihre Triebwerke.«

Ines beschleunigte mit voller Kraft und bekam das Heck des Gegners ins Visier, ehe dieser abdrehen konnte. Mirko feuerte aus allen Rohren und triumphierte: »Treffer!«

Ben berichtete: »Ein neuer Funkspruch ist eingelangt. Ich konnte ihn decodieren.«

Ines befahl: »Lass hören.«

Die synthetische Stimme wiederholte nur: »Nicht schießen! Nicht schießen! ...«

Schon wieder dieser Satz! Ines rief: »Mirko, Feuer einstellen! Ich glaube, sie ergeben sich.«

Auch die Waffen der anderen schwiegen, aber die Lage war noch immer brenzlig. Die Fremden waren zwar dank Mirkos Treffer manövrierunfähig, aber sie drifteten mit nach wie vor scharfen Waffen zwischen *Lotosblüte* und *Don Quijote*. Sanchos wehrloses Schiff wäre eine leichte Beute gewesen, andererseits hatte auch Mirko noch einiges auf Lager.

»Waffen stopp. Verhandeln.« Die gegnerischen Übersetzungscomputer hatten rasch gelernt. Ines antwortete: »Bestätigt. Verhandeln.«

Ben erklärte: »Ich erhalte weitere Daten. Sprachinformationen und Codetabellen. Sie ermöglichen mir die Übersetzung der Funksprüche des fremden Raumschiffs und die direkte Kommunikation mit seinem Bordcomputer. «

Ines wies ihn an: »Ben, bitte übersetz das, oder lass deinen Kollegen drüben übersetzen. Geleitschiff *Lotosblüte* an das fremde Schiff! Wir wollen verhandeln. Wer seid ihr, was wollt ihr?«

»Wir sind Karrzha. Bezeichnung Raumschiff *Einheit 15*. Ihr seid Menschen. Bezeichnung Raumschiff *Lotosblüte*. Auftrag Karrzha: Menschen töten. *Einheit 15* beschädigt. Auftrag unmöglich. Verhandeln.«

Ines fand diese Karrzha ziemlich frech. Sie gaben ihre feindseligen Absichten unverblümt zu. »*Lotosblüte* an Karrzha. Warum sollen wir mit euch reden und euch nicht gleich töten?«

»Mutterschiff nicht beschädigt. Mutterschiff viel größer. Wenn *Lotosblüte* schießt: Mutterschiff zerstört *Lotosblüte*. Wenn verhandeln, dann Wahrscheinlichkeit: Mutterschiff zerstört *Lotosblüte* nicht.«

Sie argumentierten noch immer aus einer Position der Stärke. Ob diese Mutterschiffgeschichte ein Bluff war? Nach den vielen Katastrophenmeldungen aus diesem Sektor könnte durchaus was dran sein. Sicherheitshalber postierte Ines sich wieder zwischen der Karrzha-Einheit und der *Don Quijote*.

Inzwischen bekam Ben Bilddaten herein und legte sie auf den Hauptschirm. Er zeigte ein enges Cockpit mit drei Gestalten in körpergerechten Liegen. »Insektoide!«, rief Sri fasziniert. Die Wesen, die sich Karrzha nannten, waren schwarz, in Kopf- und Körperform irdischen Ameisen ähnlich, mit Fühlern und Facettenaugen. Wie groß sie waren, konnte man ohne vertraute Bezugsobjekte nicht sagen.

Ines sprach weiter mit den Fremden, die Computerübersetzungen wurden zusehends besser. Inhaltlich kamen sie allerdings nicht gut voran, es wollte sich keine richtige Vertrauensbasis einstellen. Ines bat die Fremden um eine kurze Pause, um sich mit ihrer Crew zu beraten.

Da preschte Sri mit einem überraschenden Vorschlag vor: »Ich wäre bereit, als Zeichen guten Willens zur Karrzha-Einheit zu fliegen und persönlich mit ihnen zu reden. Wer könnte besser mit Insektoiden verhandeln als eine Insektoide?«

Ines wandte ein, dass ein derartiger Vorstoß tödlich enden könnte. Und wenn es schon ein direktes Gespräch geben sollte, wäre doch sie selbst als Kommandantin die logische Wahl dafür. Außerdem ging es um die Menschen, also um ihre Spezies.

Sri blieb beharrlich: »Ich bin weder Mensch noch Karrzha und damit bestens als Vermittlerin geeignet. Außerdem glaube ich, dass unsere Gemeinsamkeiten uns mehr gegenseitiges Verständnis ermöglichen. Durch Facettenaugen sieht die Welt doch anders aus. Diese Welt kenne nur ich.«

Widerstrebend stimmte Ines zu und schlug den Karrzha vor, Sri als Delegierte zu empfangen. Die Ameisenwesen waren einverstanden und sicherten Sri freies Geleit zu.

Sri zwängte sich in den Raumanzug. Trotz der faszinierenden Aussicht, eine andere insektoide Spezies näher kennenzulernen, war sie sich nicht mehr sicher, ob sie nicht unüberlegt gehandelt hatte. Ihre einzige Lebensversicherung war das Wort völlig unbekannter, kriegerischer Lebewesen. Mit Schaudern erinnerte sie sich an eine Filmsequenz aus der naturkundlichen Datenbank, in der aggressive Ameisen in Scharen über eine wesentlich größere Heuschrecke herfielen und sie im Nu in mundgerechte Bissen zerlegten. Sie konnte nur hoffen, dass sich diese Szene nicht in größerem Maßstab wiederholte.

Sie verzichtete auf das Shuttle und steuerte mit den Schubdüsen ihres Raumanzugs *Einheit 15* an. Die Karrzha lotsten sie über Funk zu ihrer Luftschleuse und ließen sie ein. Die Kommunikation funktionierte tadellos, beide Bordcomputer leisteten ganze Arbeit. Eines der Wesen empfing sie beim Innenschott der Schleuse. Es war deutlich kleiner als Sri – die Ameisen aus dem Film fielen ihr wieder ein – und geleitete sie durch einen kurzen, engen Gang zum Cockpit, das durch drei Liegen für die Besatzung fast zur Gänze ausgefüllt wurde. Wände und Decke waren mit Anzeigen, Schalthebeln und Reglern belegt. Sri musste achtgeben, nicht mit den Beinen oder dem Legestachel irgendwo anzustoßen.

Sie überprüfte die Atmosphäre, die sich als atembar herausstellte. Die Aliens waren Sauerstoffatmer wie sie. Sie nahm den Helm ab und stülpte erleichtert ihre langen Fühler aus, die sofort eine Menge fremdartiger, ständig wechselnder Gerüche einfingen. Beim Schwenken der Fühler erkannte sie, dass die meisten Düfte aus kleinen Öffnungen am Armaturenbrett kamen. Das mussten Aromadisplays sein. Wie bei irdischen Ameisen schien der Geruchssinn eine wichtige Rolle in der Kommunikation zu spielen.

Ihre Gastgeber ließen ihr einige Minuten, um sich zu akklimatisieren, sie nutzten die Zeit auch, um sie neugierig zu betrachten und mit ihren kurzen Fühlern zu beschnüffeln. Das war lästig, aber verständlich, und sie hielten immerhin einen Respektabstand ein.

Sri eröffnete das Gespräch, indem sie den Karrzha erklärte, wer sie war und wie es sie unter die Menschen verschlagen hatte. Sie erzählte ihnen auch von Neuirland und von ihrer Versklavung und gab unumwunden zu, dass sie sich manchmal gewünscht hatte, eine rächende Macht würde alle Menschen vernichten.

Ihre Gesprächspartner traten als Kollektiv auf. Alle drei hörten gleichermaßen zu und sprachen abwechselnd. Sie erzählten ihr, die Karrzha hätten ursprünglich auf einem Planeten fern von hier in Richtung zum galaktischen Zentrum gelebt. Als sie herausfanden, dass der Zentralstern des Systems bald explodieren würde, bauten sie riesige Schwarmschiffe und evakuierten ihre gesamte Heimatwelt. Auf der Suche nach einer neuen Bleibe waren sie vor einiger Zeit, etwa neun Millionen Elementartakten, auf die Randgebiete des menschlichen Siedlungsraums gestoßen.

Sri fragte dazwischen: »Entschuldige, wie lang ist einer eurer Elementartakte?«

Die Karrzha ließ ihre Vorderklauen in gleichmäßigem Tempo aufeinander klicken. Bevor sich Sri bedanken konnte, übernahm Ben das für sie: »Danke für diese Information, sie war in den Datenbanken nicht enthalten. Die Zeitintervalle waren so präzise, dass ich den Umrechnungsfaktor mit 0,812 Sekunden pro Elementartakt angeben kann. Ich werde alle Zeitangaben in der Übersetzung automatisch umrechnen.«

Eine Riesenameise sprach weiter: »Unsere Kundschafter, zuerst in Einheiten wie dieser, wurden bei jeder Begegnung mit den Menschen feindselig empfangen und ohne Vorwarnung beschossen. Wir hatten immer Verluste zu beklagen.«

Eine andere setzte fort: »Ab dann drangen wir nur noch mit größeren und besser bewaffneten Einheiten ins Menschengebiet vor. Verhandlungen waren nicht möglich, wegen der Aggressivität der Menschen, aber auch, weil wir uns nicht verständigen konnten. Schließlich beschlossen die Schwarmversammlungen, dass die Spezies Mensch eine ständige Gefahr für uns sei und unschädlich gemacht werden müsse.«

»Was bedeutet, sie unschädlich zu machen?«

»Da sind sich die Schwärme noch nicht einig. Einige wollen die völlige Auslöschung, andere plädieren für Entwaffnung sowie vollständige Unterwerfung und Kontrolle der Menschen.«

»Habt ihr überhaupt die militärischen Kapazitäten dafür?«

»Das ist kein Problem. Die kleinen Einheiten sind nur leicht bewaffnet, aber die großen Kampfeinheiten und die Mutterschiffe selbst sind allen Raumschiffen der Menschen, von denen wir bisher wissen, deutlich überlegen.«

»Wie viele seid ihr überhaupt?«

»Unser Mutterschiff hat drei Kilometer Durchmesser und beherbergt einen Schwarm mit vierzehn Millionen Individuen.«

»Und wie viele Mutterschiffe habt ihr?«

»Wir sind mit 942 aufgebrochen, eines fiel einer Katastrophe zum Opfer, so sind wir noch 941.«

Sri machte sich die Konsequenzen aus diesen Zahlen bewusst. Eine riesige, schwer bewaffnete Invasionsarmee bewegte sich auf die Menschengebiete zu, fest entschlossen, alle Bewohner zu vernichten oder zu unterwerfen. Sie hätten keine Chance, selbst wenn sie ihre internen Streitereien beilegten. Es ging bei ihrer Vermittlungsmission um nichts weniger als um die Rettung der Menschheit.

»Dieser Entschluss basiert auf eurer Erfahrung, dass die Menschen gewalttätig und nicht verhandlungsbereit sind. Stimmt das?«

»Das ist korrekt.«

»Eure Einschätzung trifft zwar für viele zu, aber nicht für alle. Ich habe es selbst gesehen. Die meisten wollen einfach in Frieden leben und werden nur aggressiv, wenn sie sich schützen oder verteidigen müssen. Die Menschen auf dem Raumschiff da drüben sind zwar nicht von meiner Art, aber sie sind meine Freunde. Sie haben euch nicht getötet, sondern mir die Vollmacht für Verhandlungen gegeben. Ihr solltet angesichts dieser Fakten euren Beschluss noch einmal überdenken.«

»Wir können deine Argumentation nachvollziehen, vor allem aufgrund der Tatsache, dass du als insektoides Wesen friedlich mit den Menschen koexistierst und dich sogar für sie einsetzt. Aber in dieser Sache haben wir kein Verhandlungsmandat. So weitreichende Entscheidungen muss der ganze Schwarm fällen. Unser Mutterschiff nähert sich derzeit unserer Position, wir waren ein Vorauskommando. Wenn es seinen Kurs seit unserem Aufbruch nicht geändert hat, müsste es in dreiundzwanzig Minuten in Funkreichweite sein. Bis dahin können wir nicht mehr tun, als einen zeitweiligen Waffenstillstand zu vereinbaren.«

Sri informierte die anderen, Ines gratulierte ihr zum Verhandlungsergebnis.

Plötzlich brach der Funkkontakt ab, zwei Karrzha richteten Waffen auf Sri, während die dritte hastig an den Armaturen arbeitete. Ohne sichtbare Regung erklärten die Karrzha die

Lage: »Beweg dich nicht. Sonst wirst du getötet. Euer Schiff aktiviert seine Bordgeschütze. Offenbar war das Urteil unserer Schwärme richtig. Die Menschen sind brutal und können nicht verhandeln. Dein Einsatz ist nach neuer Einschätzung nur eine Scheinverhandlung, um Zeit zu gewinnen. Du bist jetzt nicht mehr Unterhändlerin, sondern Geisel.«

Entsetzt sah Sri durch das Fenster, wie die *Lotosblüte*, die bisher friedfertig beigedreht hatte, ihren waffenstarrenden Bug auf *Einheit 15* richtete.

14 | Krise

Ines fuhr der Schreck in alle Glieder. Was war mit dem Raumschiff los? Hastig bearbeitete sie die Steuerung, nichts sprach an. »Ben, Waffensysteme herunterfahren, Lageänderung rückgängig machen!« Der Bordcomputer reagierte nicht. »Mirko, kannst du ...« Sie drehte sich zu ihm, doch was sie sah, steigerte ihr Entsetzen. Mirko hatte einen externen Datenträger eingestöpselt und bearbeitete im Höllentempo die Eingabekonsole. Noch ein Verräter! Sie hatte schon von Anfang an ein ungutes Gefühl bei dem Computerfreak gehabt. »Mirko, stopp! Weg vom Computer! Willst du uns alle umbringen?«

»Aber nicht doch!«, brüllte Mirko zurück. »Im Gegenteil. Da ist ein Virus drin. Den will ich löschen, mit meinen eigenen Tools.«

Ines glaubte ihm nicht und bedrohte ihn mit ihrer Waffe. »Weg vom Computer, oder ich schieße!«

Zena stellte sich zwischen die beiden. »Lass das, Ines! Du kannst ihm vertrauen. Da bin ich ganz sicher!«

Ines wandte sich wieder an den Computer: »Ben, du machst einen Fehler! Angriff stoppen!«

Immerhin bequemte sich Ben jetzt zu einer Antwort: »Tut mir leid, das geht nicht. Die Zielvorgabe wurde geändert.«

Zielvorgabe? Das hatte »Harry« vor seinem Tod gerufen. Er musste der Aktivierungscode für einen Computervirus gewesen sein. Mirko hatte die Wahrheit gesagt. Ines steckte die Waffe wieder ein und sagte: »Entschuldige, Mirko, das hat unser falscher Harry verbrochen. Unternimm alles, um die Sache in Ordnung zu bringen.«

»Bin schon dabei. Moment, ich hab's gleich! – Gut, ich glaube, das war's. Ben gehört wieder uns. Ben, wie geht's?«

»Meine Zielvorgaben waren geändert worden. Ich sollte einen günstigen Moment abwarten, um das Schiff zu übernehmen, die Besatzung auszuschalten und das Territorium der Gondwana-Sippe anzufliegen. Meine Algorithmen erachteten den Zeitpunkt wegen Sris Abwesenheit für geeignet, ich hatte vor, die Karrzha-Einheit mitsamt Sri abzuschießen und mich dann mit Höchstgeschwindigkeit aus dem Staub zu machen. Inzwischen sind die Parameter der Basisprogrammierung wiederhergestellt.«

»Gut«, sagte Ines. »Waffen deaktivieren und beidrehen!«

Ein Blick aus dem Fenster zeigte die beruhigende Bewegung des Raumschiffs, auch die Waffensysteme wurden heruntergefahren.

Ines funkte die Karrzha an: »*Lotosblüte* an *Einheit 15!* Das Aktivieren der Waffen war ein technischer Fehler. Wir wollen nicht schießen. Bitte tut unserer Unterhändlerin nichts!«

Sri meldete zurück: »Ist schon in Ordnung. Ich hatte kurze Zeit große Angst, aber sie haben mich nur bedroht und ihre Waffen jetzt wieder weggesteckt.«

Die Karrzha waren bereit, den Waffenstillstand wieder aufzunehmen. In der Zwischenzeit bemühten sich Ines und Sri mit vereinten Kräften, den Aliens das Geschehen zu erklären. Dass es unter den Menschen so unterschiedliche, gegenläufige Interessen und sogar gewaltsam ausgetragene Konflikte gab, war für die Ameisenwesen schwer verständlich. Sie waren gewohnt, im Kollektiv an einem gemeinsamen Strang zu ziehen, die Individuen verstanden sich als Teil eines größeren Organismus.

Als das Mutterschiff in Funkreichweite kam, wurden Ines und die anderen erneut um Geduld gebeten. Der Umgang mit den Menschen war eine äußerst wichtige Frage, deshalb wollten die Schwarmverantwortlichen vor einer Entscheidung die Lage selbst beurteilen und mit der Unterhändlerin persönlich sprechen.

Ines verfolgte die Annäherung des Schwarmschiffs zuerst auf dem Monitor, dann durch das Fenster.

Es sah zuerst gar nicht so eindrucksvoll aus, erst als die riesige Kugel unmittelbar hinter *Einheit 15* zum Stillstand kam, wurde das gewaltige Ausmaß dieser fliegenden Millionenstadt deutlich, neben der sowohl *Einheit 15* als auch Sanchos *Don Quijote* winzig aussahen.

»Mein Gott!«, flüsterte Ines. »Fast tausend soll es von denen geben. Und sie wollen die Menschheit vernichten. Gegen so einen Feind ist jeder Widerstand sinnlos. Wir müssen sie umstimmen, sonst ist es aus. Für alle.« Mirko nickte stumm, und Zena ergänzte: »Unsere Heuschreckenfreundin hat schon viel erreicht. Ich hoffe, sie kann das durchziehen.«

15 | Königinnen

Die Besatzung von *Einheit 15* informierte Sri, dass die Ausführende Königin – so hatte der Computer den Titel übersetzt – mit ihr zu sprechen wünsche. Sri stimmte zu, obwohl ihr ziemlich mulmig wurde beim Gedanken, ins Innere des mächtigen Flugobjekts gebracht zu werden, dessen Umrisse vor der Schwärze des Weltraums kaum auszumachen waren. Ein unbemannter Schlepper näherte sich, dockte mit leichtem Rütteln an und holte die manövrierunfähige *Einheit 15* nach Hause. In der Hülle öffnete sich das Tor einer Luftschleuse, die in einen riesigen Hangar führte. *Einheit 15* glitt an unzähligen gleichartigen Einheiten vorbei, die in Reih und Glied auf ihren Einsatz warteten, und erreichte schließlich ihren Anlegeplatz. Sri musste noch kurz warten, bis die Übersetzungsdaten in das Computersystem des Mutterschiffs eingespeist waren, ehe ein anderes Ameisenwesen erschien und sie durch einen weiten Korridor geleitete, in dem es von Karrzha nur so wimmelte. Sie krabbelten in der durch Rotation erzeugten künstlichen Schwerkraft scheinbar wild durcheinander, sie quollen aus Seitengängen hervor, manche trugen einzeln oder in Gruppen unterschiedliche Gegenstände vorbei. Sri fühlte sich in das Innere eines Ameisenhaufens versetzt.

Ihre Begleiterin brachte sie zu einem Aufzug. Nach mehreren Minuten Fahrt ging es wieder durch verzweigte Gänge, bis sie in einem zweckmäßig und nach insektoiden Maßstäben auch gemütlich eingerichteten Raum einer Karrzha vorgestellt wurde, die sich äußerlich nicht von den anderen unterschied. Dies sei die Ausführende Königin, erklärte Sris Führerin und verabschiedete sich.

Außer der Königin waren noch vier weitere Karrzha im Raum, die Sri für eine Leibwache, einen Beraterstab oder beides zugleich hielt. Sri erklärte noch einmal, wie sie, obwohl selbst kein Mensch, in die Lage geraten war, für diese Spezies zu sprechen, und warum die Menschen nicht zur Gänze vernichtet werden sollten. Die Ausführende Königin hörte aufmerksam zu und stellte Zwischenfragen. Dann bat sie Sri einige Minuten um Geduld. Sie sei nur Sprecherin, aber nicht entscheidungsbefugt. Sie müsse das Kollektiv informieren und den Beschluss des Schwarms abwarten.

Wie das vor sich ging, blieb Sri verborgen, es wurde nichts mehr übersetzt. Sie musste im Nebenraum warten. Nach einer Weile wurde sie hineingeholt, und die Königin verkündete: »Der Trend im Kollektiv geht stark in Richtung Schonung der Menschen, aber es besteht noch keine Sicherheit. Sprechen wir weiter!«

Sri erzählte mehr über ihre bisherigen Erfahrungen mit den Menschen, von der langsamen Annäherung an Ines und der Freundschaft mit Sancho, Zena und Mirko, aber auch über Sklaventreiber, Verräter und Gangsterorganisationen. Dann wechselte sie das Thema: »Entschuldige, ich hätte da noch eine Frage, die mit den Menschen nichts zu tun hat.«

»Frag nur!«

»Ich möchte von Insekten sprechen, die so wie ihr in großen Kollektiven leben.«

»Solche gibt es auf den Planeten in diesem Raumsektor?«

»Ja, aber sie verfügen über keine Sprache oder technische Zivilisation. Die einzige sprachfähige insektoide Spezies, die ich bisher kennenlernen konnte, ist meine eigene. Den Staaten bildenden Insekten bei uns ist gemeinsam, dass die meisten Individuen unfruchtbar sind. Die einzige Frau, die fähig ist, Eier zu legen, wird als Königin bezeichnet, und so hat unser Computer auch deinen Titel übersetzt. Bist du die Königin deines Schwarms in diesem Sinn? Kannst du dich als Einzige fortpflanzen?«

»Nein, die Ausführende Königin ist geschlechtslos wie die überwiegende Mehrheit unseres Schwarms. Ein anderes Mitglied des Kollektivs könnte jederzeit meinen Platz einnehmen. Es gibt bei uns aber auch noch die Mutterkönigin. Diese erfüllt genau die Aufgabe, die du beschrieben hat. Sie legt laufend Eier und sorgt so für den Erhalt des Schwarms.«

Sri musste wieder eine Weile warten. Sie war nicht sicher gewesen, ob sie andere Themen als die Belange der Menschen überhaupt ansprechen sollte, schließlich war sie mit einem Auftrag hier. Andererseits interessierte sie diese insektoide Spezies sehr, und vielleicht konnte ein ungezwungenes Gespräch die allgemeine Stimmung verbessern und so die Entscheidung des Schwarms positiv beeinflussen. Bisher war es ja ganz gut gelaufen.

Die Ausführende Königin wandte sich wieder an Sri: »Ich habe die Mutterkönigin kontaktiert. Sie ist bereit, dich zu empfangen.«

Mit dieser Ehre hatte Sri nicht gerechnet. Höflich verabschiedete sie sich und wurde durch mehrere Gänge, Rampen und Liftpassagen an einen Ort gebracht, den sie tiefer im Inneren des riesigen Schiffs vermutete. Die Luft war hier feuchter und wärmer und roch nicht nach Raumschiff, sondern organischer, heimeliger. In einem gedämpft beleuchteten Raum ruhte auf einer gepolsterten Liege die Mutterkönigin. Sie war heller und etwas größer als die anderen Karrzha, vor allem ihr Hinterleib war deutlich länger und dicker und endete in einer kurzen Legeröhre.

Sri grüßte und stellte sich vor. Die Königin erwiderte: »Ich freue mich, nach langer Zeit wieder einmal mit einer Frau sprechen zu können.« Sie wies auf Sris Legestachel, den sie richtig gedeutet hatte. »Legst du auch alle Eier für dein Volk?«

»Nein, bei uns sind ungefähr die Hälfte der Individuen Frauen, die anderen Männer. Mein Beitrag zur Arterhaltung ist deshalb viel bescheidener als deiner.«

»Ah, es ist wieder so weit.« Wellenförmige Kontraktionen durchzuckten den Hinterleib der riesigen Ameise, schließlich glitt ein weißes, längliches Ei in eine genau an der richtigen Stelle angebrachte Schale. Eine Karrzha eilte herein, packte das Ei sorgfältig in einen mitgebrachten Behälter und verschwand wieder.

Sri sagte: »Für mich war das Eierlegen ein sehr schönes, wohliges Gefühl. Ist das bei dir auch so?«

»Ja, unsere Wissenschafter sagen, das sei ein Instinkt, der garantiert, dass mir die Lust daran nicht vergeht. Sie haben recht, ich genieße es, obwohl es mir manchmal schon etwas viel wird. Ich habe ja praktisch mein ganzes bisheriges Leben nichts anderes gemacht.«

Sri plauderte noch einige Zeit mit der Mutterkönigin. Die Frage nach dem Umgang mit der Spezies Mensch kam gar nicht zur Sprache, es war einfach ein offenes, persönliches Gespräch unter Frauen und Müttern.

Danach wurde sie wieder zur Ausführenden Königin gebracht, die gleich das Wort ergriff: »Das Kollektiv hat entschieden. Du kannst der Besatzung deines Raumschiffs berichten, dass deine Verhandlungsmission erfolgreich war. Einen guten Teil hat auch die Fürsprache der Mutterkönigin dazu beigetragen. Der Beschluss, die Menschheit zu vernichten, wurde widerrufen. Wir werden in Zukunft genau prüfen, mit welchen Exemplaren dieser Spezies wir uns verständigen und Handel treiben können. Wir hoffen, dass das viele sein werden, denn die kollektive Zusammenarbeit ist ein Grundpfeiler unserer Zivilisation. Menschen, die sich als gefährlich für uns herausstellen, werden wir nach wie vor eliminieren.« Nach einer Pause ergänzte sie: »Wir müssen diesen Beschluss noch mit den anderen Schwärmen abstimmen. Das dürfte aber kein Problem sein, weil normalerweise der Schwarm mit den besten Informationen, also in diesem Fall unserer, die Linie vorgibt.«

Sri wurde zur zur *Lotosblüte* zurückgebracht, diesmal mit *Einheit 47*.

16 | Sprungpunkt

Tief bewegt antwortete Ines, als Sri von ihrem Erfolg berichtete: »Sri, du hättest genug Grund, die Menschen zu hassen. Aber du hast sie gerettet. Die gesamte Menschheit schuldet dir Dank.«

Alle schwiegen und sahen aus dem Fenster. Das gewaltige Karrzha-Mutterschiff wurde langsam kleiner und war bald nicht mehr zu sehen.

Mirko brach das Schweigen: »Gegen die hätte niemand eine Chance gehabt. Wenn sie nur wollten ...« Seine nachdenkliche Miene hellte sich auf. »Aber sie wollen ja nicht, dank dir, Sri. Die Welt retten, das ist ja so richtig superheldenmäßig! Ist das nicht ein Grund zu feiern?«

Ines stimmte zu: »Du hast völlig recht! Sri, dann kannst du uns genauer erzählen, wie es da drüben auf dem Riesenschiff so war.« Sie rief die *Don Quijote*: »Sancho, Zena! Ihr habt sicherlich schon mitgehört. Sri hat erfolgreich verhandelt, der Menschheit bleibt eine tödliche Ameisenplage erspart. Kommt herüber, das feiern wir!«

Zena war während Sris Vermittlungsmission von Sancho mit seinem kleinen Shuttle auf sein Raumschiff geholt worden. Sie wollte es auf versteckte Schäden überprüfen, nachdem es beim Kampf mit der Karrzha-Einheit einen leichten Treffer abbekommen hatte. Jetzt meldete sie sich: »Super, ein Fest! Sancho, fahr schon voraus! Ich mach hier schnell die Checks fertig und komme in ein paar Minuten nach.«

Sancho warf ein: »Wie kommst du denn hinüber, wenn ich das Shuttle nehme?«

»Ich steige in den Raumanzug und fliege mit den Manövrierdüsen. Ist ja nur ein Katzensprung und ein Riesenspaß dazu!«

Nach Sanchos Ankunft auf der *Lotosblüte* kam ein Funkspruch von Zena: »Ben, eine Plasmaleitung hier sieht verdächtig heiß aus, sie leuchtet im Infraroten wie ein Weihnachtsbaum. Kannst du dir das einmal telemetrisch ansehen?«

Ben antwortete sofort: »Plasmaleitung 2 auf der *Don Quijote* wird in weniger als einer Minute explodieren. Zena, verlass unverzüglich das Schiff!«

Ines und Mirko reagierten auf Bens Alarmmeldung mit einem Aufschrei. Von Zena hörten sie nichts mehr, sie war hoffentlich schon Richtung Ausstiegsluke unterwegs.

Im nächsten Moment waren auf der Don Quijote mehrere Explosionen in rascher Folge zu sehen. Die Bruchstücke flogen in alle Richtungen, ein besonders großes raste genau auf die *Lotosblüte* zu. Es barst aber völlig überraschend in unmittelbarer Nähe, die Trümmer stoben auseinander.

Alle atmeten erleichtert auf. Ben erklärte das scheinbare Wunder: »Hüllenteil mit Backbordkanone getroffen und fragmentiert. Achtung, kleineres Stück prallt am Heck auf!«

Sie wurden durchgerüttelt, Anzeigen leuchteten rot auf, eine Alarmsirene blökte.

Noch bevor sie die Folgen des Einschlags überprüfen konnten, kam ein Funkspruch herein: »Zena hier! Ich bin vor der Luftschleuse und bitte, an Bord kommen zu dürfen.«

Erleichtert hieß Ines Zena willkommen.

Doch die gute Stimmung wurde gleich wieder gedämpft, als Sri die Anzeigen kontrollierte. »Der Haupttreibstofftank wurde getroffen, wir haben den gesamten Inhalt verloren. Der zweite Tank ist fast leer. Wir schaffen es nicht bis zum Sprungpunkt.«

Mirko jammerte: »Was ist denn das für eine Scheiße? Sri rettet uns, und die Welt gleich mit, Zena rettet sich aus dem Feuerwerk da drüben, und das alles, damit wir jetzt irgendwo am Arsch des Universums jämmerlich krepieren?«

Ines nickte und fragte in die Runde: »Haben wir noch irgendwelche Optionen?«

Zena sagte: »Ganz so wüst und leer ist es hier nicht. Irgendwo da drüben, hinter der *Don Quijote*, hatte der Himmel so eine komische Farbe, dort muss es eine elektromagnetische Anomalie oder so was geben. Ich konnte nicht genauer schauen, ich hatte genug damit zu tun, mich in Sicherheit zu bringen. Ben, sehen deine Sensoren etwas?«

»Nein, nur den leeren Raum. Alle Parameter sind im normalen Bereich.«

»Dann muss die Explosionswolke im Weg sein. Ines, können wir ein Stück zur Seite fliegen?«

Ines startete die Steuerdüsen, die *Lotosblüte* änderte ihre Position ein paar Hundert Meter, dann sagte Ben: »Jetzt erkenne ich etwas. Es ist eindeutig die Signatur eines Sprungpunkts. In meinen Datenbanken ist allerdings unter diesen Koordinaten keiner eingetragen.«

Mirko wunderte sich: »Ein unentdeckter Sprungpunkt? Wie konnte der den ganzen Sonden und Expeditionen entgehen?«

Ines meinte: »Hier in der Randzone kann ich mir das schon vorstellen. Vielleicht ist er sogar neu entstanden, wenn das überhaupt möglich ist. Wir benutzen die Sprungpunkte zwar schon seit Ewigkeiten, aber wir wissen eigentlich fast nichts über sie, auch wenn die Wissenschafter das nicht gern zugeben. Wie und warum wir mithilfe dieser geheimnisvollen Raumzeitverzerrungen fast ohne Zeitverlust viele Lichtjahre reisen können, weiß niemand. Nur, dass es mit ausreichend Synchronit verlässlich funktioniert.«

Sancho ergänzte: »Es gibt sogar die Theorie, sie wären nicht natürlich entstanden, sondern von einer technologisch überlegenen außerirdischen Spezies angelegt worden.«

Dann präsentierte Sri das Ergebnis ihrer Berechnungen. »Diesen Sprungpunkt könnten wir mit unserem Rest Treibstoff noch erreichen, wir hätten dann sogar noch eine kleine Reserve.«

Ines fragte: »Ben, kann man aus den Sensordaten herauslesen, wo uns der Sprungpunkt hinführt?«

»Das ist nicht möglich, über die Physik dieser Zone ist in meiner Datenbank nichts vermerkt.«

»Klar, weil da die Wissenschaft noch völlig im Dunkeln tappt. Es wäre also ein Sprung ins Ungewisse.«

»Na, dann los!«, rief Zena. »Springen wir!«

»Hat jemand was dagegen?«, fragte Ines in die Runde. »Nein? Na schön, dann wagen wir es. Wir haben nichts zu verlieren.«

Die *Lotosblüte* nahm langsam Fahrt auf. Ben hatte die elektromagnetischen Emissionen des Sprungpunkts farbcodiert auf den Bildschirm gelegt. Die bunte Zone wurde allmählich größer, schließlich tauchte das Raumschiff ein.

Teil 2
Der Pirat

17 | Schatzsuche

»Hier irgendwo muss es sein. Knut, siehst du was?« Finn stand mit seinem Ersten Offizier vor einem unscheinbaren Hügel in der Nähe des verlassenen Stützpunkts *Pitcairn 1*.

Knut rief: »Käpt'n, ich glaub, ich hab's!« Er zeigte auf die Böschung, in die kaum erkennbar eine niedrige Tür eingelassen war. Die raue Felsoberfläche setzte sich in perfekter Tarnung auf dem Eingang fort, nur eine dünne Fuge zeigte den Rand an.

»Na, dann holen wir uns unseren Schatz!«, lachte Finn. »Jetzt werden wir sehen, ob Marcos Schlüssel was taugt.«

Er zog einen kleinen Sender aus einer Außentasche seines Raumanzugs und aktivierte ihn. Mit leisem Knacken öffnete sich die Felsentür einen Spalt. Hastig schob Finn sie auf und leuchtete in die kleine Höhle hinein.

»Scheiße!«

»Was ist, Käpt'n?«

»Marco hat uns reingelegt. Kein Krümel Synchronit weit und breit.«

Gebückt zwängten sie sich in die Nische und spähten in jede Ecke. Vergeblich.

»Komm, Knut, wir sehen im Stützpunkt nach!«

Während sie in ihren Raumanzügen zur Station stapften, sah Knut sich verwundert in der Ebene um. »Das ist ja ein richtiger Schrottplatz hier. Ein Raumschiffswrack nach dem anderen!«

Finn nickte. »Ionenstürme! Die Sonne hier ist ziemlich unberechenbar. Ich habe schon die wildesten Geschichten darüber gehört. Wir sollten nicht länger bleiben als unbedingt nötig.«

Sie fanden eine Luftschleuse, die sich allerdings nicht öffnete, als Finn den Schalter betätigte. Sie mussten den Notfallhebel umlegen und die massive Tür händisch aufdrücken.

Der unbeleuchtete Gang führte direkt zur Kommandozentrale. Auch hier war es dunkel, alle Anzeigen waren tot. Die Systeme ließen sich nicht hochfahren.

Knut schlug vor: »Käpt'n, wir sollten uns trennen und alles systematisch absuchen.«

Finn hielt dagegen: »Nein, bleiben wir lieber zusammen. Wer weiß, ob wir hier wirklich allein sind.« Er konnte nicht zugeben, dass er in dunklen Gängen einfach Angst hatte. Diese Ängste hatten ihn schon immer geplagt, aber so etwas durfte sich ein Piratenkapitän natürlich nicht anmerken lassen.

Sie erreichten ein Gewächshaus mit geborstenen Glasscheiben, aus dessen Öffnungen üppiges Grün wucherte. Als sie die Lampen darauf richteten, raschelte es in den Blättern und kleine Pelztiere flohen in den Schatten.

Ratten! Finn kannte die Biester nur zu gut. Sofort fühlte er Panik aufsteigen. Alte Erinnerungen kamen hoch. Damals auf Thule ...

Er schüttelte die düsteren Gedanken ab. »Knut, gehen wir weiter! Hier stinkt's, und Synchronit gibt es auch keins.«

Das finstere Labyrinth schien kein Ende zu nehmen. Es erstreckte sich sogar in das Bergmassiv hinein, was Finns Selbstbeherrschung auf eine besonders harte Probe stellte. Im freien Weltraum fühlte er sich entschieden wohler. Außerdem war das Synchronit nirgends zu finden, sie schienen die zermürbende Suche vergeblich auf sich genommen zu haben.

Doch dann rief Knut, der ein paar Schritte vorausgegangen war, aus einer Seitenkammer heraus: »Käpt'n, sieh dir das an!«

Im Lagerraum stand ein Standard-Synchronitbehälter. Er war bis auf ein paar Brösel leer, aber weitere am Boden verstreute Reste deuteten auf eine einstmals größere Menge hin.

Knut zeigte auf das Schloss an der Eingangstür. Die beiden Piraten erkannten sofort, dass es mit viel technischem Geschick geknackt worden war.

Finn überlegte: »Ich glaube nicht, dass Marco uns beschissen hat. Dazu hat er zu viel Ehrgefühl.«

»Und auch zu viel Angst vor dir«, ergänzte Knut.

»Da hast du wohl recht!« Finn lachte und klopfte Knut so heftig auf die Schulter, dass ein normaler Mensch quer durch den Raum geflogen wäre. Der muskelbepackte Hüne Knut, der selbst den groß gewachsenen Finn noch deutlich überragte, zuckte aber kaum und lachte mit, ehe er Finns Idee weiterspann: »Marco hatte irgendwelche Schwierigkeiten und schaffte es nicht bis zur geheimen Kammer, sondern nur bis hierher. Und später ist jemand anders hereinspaziert und hat das Zeug einfach mitgenommen.«

»Marco oder nicht, irgendein Dreckskerl hat mein Synchronit gestohlen!«, rief Finn wütend. »Den schnapp ich mir, und wenn ich die ganze Galaxie absuchen muss. Und dann, Freundchen, geht's dir an den Kragen!«

18 | Abgeblitzt

»Jetzt geht's dir an den Kragen!« Istra war stinksauer. Mit einem mächtigen Satz baute er sich vor seinem Nebenbuhler Frr-zrr auf, der erschöpft, aber zufrieden auf dem Grasboden ruhte, um sich von der erfolgreichen Paarung zu erholen.

»Hey, entspann dich!«, versuchte er Istra zu beruhigen, während er langsam aufstand. »Nimm es sportlich! Sie hat einfach gemeint, dass ich besser gesungen habe. Ich war heute ja besonders gut drauf. Das nächste Mal kommst du wieder zum Zug.«

Istra musste sich eingestehen, dass sein Gegner tatsächlich ein grandioses Zirpkonzert hingelegt hatte. Dagegen hatte er eher jämmerlich geklungen. Aber das brachte ihn nur noch mehr in Rage.

»Ja, sportlich! Ich nehm's mit Sport. Mit Kampfsport!« Er hob die Vorderbeine und stürmte mit blitzschnellen Angriffen auf Frr-zrr los. Ihre Köpfe berührten einander fast, trotzdem hätte Istra nie seine messerscharfen Kieferzangen eingesetzt, das wäre unehrenhaft gewesen. Dafür gelang es ihm, sein rechtes Mittelbein unauffällig nach vorn zu bringen und mit der Endklaue ein Bein des Gegners auszuhebeln. Dieser war vom Sex noch immer so ausgepumpt, dass er seitlich auf den Boden plumpste. Noch im Fallen rief er: »Okay, du hast gewonnen! Lass es gut sein!«

Istra erwiderte trotzig: »Niemals! Ich werde ...«

Doch er brach den Angriff ab. Auch er hatte genug. Die Luft war draußen, die Pheromone hatten sich verzogen, und er konnte den Konkurrenten wieder als den Freund sehen, der er vorher gewesen war.

Eine angenehme Erinnerung vertrieb den Rest seines Grolls. Vor einiger Zeit war eine attraktive Heuschreckenfrau im Neuirland-System aufgetaucht, mit der er es herrlich getrieben hatte. Wie er war sie von Menschen versklavt gewesen und hatte trotzdem mit dieser Spezies Freundschaft geschlossen. Ihre Idee, den Menschen gegenüber mit einem selbst gewählten Namen aufzutreten, hatte ihn bewogen, sich Istra zu nennen. Wie bei Sri sollte der Name für Menschen aussprechbar, aber auch gut zu zirpen sein.

Als er von dem Erlebnis erzählte, antwortete sein Freund: »Ja, ich erinnere mich, wie sie damals den alten Stationscomputer geknackt hat. Mit Menschentechnik kannte sie sich hervorragend aus. Aber musste sie sich deshalb gleich richtig mit diesen Zweibeinern anfreunden? Ich weiß schon, sie haben uns geschaffen, aber doch nur als Diener! Wir sollten unsere Wurzeln überwinden und selbstbewusst einen eigenen Weg gehen.« Er sah Istra nun direkt an. »Dich hat diese menschenfreundliche Sri ja auch schon beeinflusst. Ich weiß nicht, ob ich mich jemals daran gewöhnen werde, dass du dich jetzt Istra nennst.«

»Ich sehe das anders. Die Sklavenhalter haben mir damals einen Menschennamen aufs Facettenauge gedrückt. Toby! Das war einfach würdelos. Toby, bring mir dieses und jenes! Toby, kratz mir den Rücken! Toby, trag meine Tasche! Dem will ich wie Sri etwas Eigenes entgegensetzen, auch als Zeichen für den Rest der Welt.«

»Das verstehe ich ja. Toby ist wirklich das Letzte. Aber Istra ist doch auch nur ein Kompromiss und für mich eher eine Geste den Zweibeinern gegenüber. Du bist ja nicht der Einzige mit diesem Hang zur Menschenfreundlichkeit, vor allem, seit Sri uns besucht hat. Ich weiß nicht, ob mir das gefällt. Ich bleibe jedenfalls bei meinem Namen, egal, ob die Zweibeiner ihn aussprechen können.«

»Ich glaube, Frr-zrr, du siehst das zu drastisch. Niemand will sich komplett der menschlichen Lebensart unterwerfen. Da könnten wir ja gleich Hosen anziehen!«

Angesichts dieser grotesken Vorstellung verfielen beide Riesenheuschrecken in einen Bewegungsablauf, der in der Gestensprache ihrer Spezies Heiterkeit ausdrückte.

Als sie sich wieder beruhigt hatten, fuhr Istra fort: »Wir müssen uns den Tatsachen stellen. Dieser Teil der Galaxie wird nun einmal von den Menschen dominiert. Wir könnten das natürlich ignorieren und uns hier auf unserem abgelegenen Planeten vom Rest des Universums abkoppeln. Aber ganz wird das ohnehin nie gehen, schon wegen der Sklavenjäger. Ich halte mehr Kontakt zu den Menschen für besser, aber selbstbewusst und auf gleicher Ebene. Es sind ja nicht alle auf Unterdrückung und Sklaverei aus, schließlich hat Sri richtige Freunde gefunden. Mit den Gutwilligen könnte ein Austausch von gegenseitigem Nutzen sein.«

»Das klingt ja sehr gut und optimistisch, aber es könnte auch sein, dass die Mehrheit der Zweibeiner verächtlich auf uns herabsieht. Ich habe aus ihren Mündern einfach schon zu viele Spott- und Schimpfnamen gehört.«

»Das stimmt, aber vielleicht können wir dem entgegenwirken, indem wir ...« Istra unterbrach sich selbst und zischte: »Hast du das gehört?«

Sie lauschten schweigend. Schon wieder ertönte eine ferne Explosion. In Richtung der Zentrale entdeckten sie am Himmel die Rauchspuren zweier Signalraketen, deren Farben – rot und grün – im Sonnenlicht kaum erkennbar waren.

»Annäherungsalarm! Nichts wie los!«, rief Frr-zrr.

In zügigen Sprüngen hielten die beiden Insektoiden auf die Station zu.

19 | Ruinen

Ines wurde aus den Positionsanzeigen nicht schlau, und der Hauptbildschirm zeigte nur Sterne in unbekannter Konstellation, während das Raumschiff den Sprungpunkt langsam hinter sich ließ. »Ben, wo sind wir hier?«

Die freundliche Stimme des Bordcomputers antwortete: »Ich zeige euch das Bild der Steuerbord-Außenkamera.«

Der Anblick entlockte der Besatzung der *Lotosblüte* ein vielstimmiges »Ah!« Sri blieb stumm, aber Ines erkannte an der Art, wie sie ihre Fühler schräg abspreizte, dass auch sie die allgemeine Faszination teilte.

»Wahnsinn!«, rief Zena.

Mirko legte nach: »Der helle Wahnsinn!«

Fast über den ganzen Bildschirm zog sich das prachtvolle Bild einer Spiralgalaxie.

Sancho fragte: »Ben, welchen Vergrößerungsfaktor hast du eingestellt?«

»Gar keinen!«, antwortete die künstliche Intelligenz. »Der direkte Blick aus dem Fenster würde nicht anders aussehen.«

»Ist das Andromeda? Oder unsere eigene Milchstraße?«, fragte Ines mehr in sich hinein.

Zena stellte fest: »Auf alle Fälle sind wir ziemlich weit weg von daheim.«

»Es handelt sich um unsere Heimatgalaxie«, erklärte Ben. »Ich konnte etliche markante Objekte identifizieren und auch unsere Position berechnen. Wir sind hier in der Sculptor-Zwerggalaxie, einem kleinen Begleiter des Milchstraßensystems in über einer Viertelmillion Lichtjahren Entfernung von der galaktischen Scheibe.«

»Das war ja ein Megasprung!«, staunte Mirko. »Dabei hat es sich gar nicht anders angefühlt als sonst.«

»Auch die Messwerte gaben keinerlei Hinweis auf die Sprungweite«, ergänzte Ben. »Die Dimensionssprünge sind mit den bekannten physikalischen Gesetzen in der Tat nicht zu erfassen.«

Nach einigen Minuten, in denen alle in schweigender Ehrfurcht auf den spiraligen Sternenwirbel blickten, ergriff Ben wieder das Wort: »Meine Sensoren haben ein Objekt erfasst, ziemlich genau in unserer Flugrichtung. Ich lege das Bild der Frontkamera auf den Schirm.«

Ein kleiner dunkelgrauer Fleck zeigte sich, den die Menschen erst wahrnahmen, nachdem Ben mit einem eingeblendeten Pfeil darauf hingewiesen hatte.

Ines sagte: »Ben, Vergrößerungsfaktor zwanzig.«

Das Ding vor ihnen war jetzt noch dunkler, Ben schaltete die Kontrastverstärkung zu. Nun war eine zylindrische Struktur zu erkennen, nur schwach von der spiraligen Sternenpracht der Milchstraße beleuchtet.

Ben kommentierte: »Länge etwas über drei Kilometer, Durchmesser bei achthundert Meter. Langsame Rotation um die Längsachse.«

»Das sieht fast wie eine O'Neill-Kolonie aus«, meinte Sancho. »Wer baut denn so etwas hier mitten im Nichts?«

»Könnte mit dem Sprungpunkt zu tun haben«, vermutete Zena.

»Mitten im Nichts stimmt nicht so ganz.« Mirko legte das Bild des Fernradars auf den Hauptschirm. Vor ihnen zeigten sich Dutzende, vielleicht sogar Hunderte von größeren und kleineren Gebilden. Ben hatte die Entfernungen eingeblendet, sie erstreckten sich bis zu mehreren Hunderttausend Kilometern.

»Eine Stadt im All«, sagte Ines beeindruckt. »Mehr noch, jedes einzelne dieser Radarobjekte könnte eine Stadt sein. Womöglich haben wir es hier mit einer ganzen Zivilisation zu tun.«

Inzwischen hatten sie sich dem zuerst entdeckten Zylinder weiter genähert. Ines bat Ben, wieder das Kamerabild zu zeigen. An der kreisförmigen Endfläche wurden im fahlen Licht technische Strukturen erkennbar. Ihre Funktion war nicht klar, manche sahen wie Andockschleusen aus, andere erinnerten an Kommunikationsanlagen. Ben konnte allerdings keine Funk- oder Lasersignale empfangen, selbst nachdem er versucht hatte, Kontakt aufzunehmen. Auch sonst zeigte sich nirgendwo ein Anzeichen von Aktivität.

»Also wenn es dort irgendwelche Bewohner gibt, dann verstecken sie sich ziemlich gut.« Mirko sprach aus, was Ines auch schon gedacht hatte. »Vielleicht sollten wir diese Kolonie, oder was auch immer das ist, einmal anfliegen und versuchen, hineinzugehen.«

»Dazu müssten wir einen ziemlich weiten Bogen machen«, erwiderte Sri. »Wir entfernen uns bereits wieder. Für ein scharfes Wendemanöver fehlt uns der Treibstoff.«

Ben warf ein: »Etwa zwanzig Kilometer voraus habe ich eine ähnliche Struktur auf dem Radar. Wenn wir jetzt anfangen zu bremsen, könnten wir die Relativgeschwindigkeit mit minimalem Energieverbrauch auf null reduzieren.«

»Gute Idee!«, sagte Ines. »Mach es so.«

Nach einigen Minuten angespannter Ruhe ertönte Bens Stimme: »Trümmerfeld voraus! Ich muss einige Ausweichmanöver fliegen. Achtung, starke Beschleunigung in alle Richtungen möglich!«

Ines fixierte ihre Kaffeetasse, die Menschen schnallten sich an, Sri klammerte sich fest. Immer wieder wurden sie durchgerüttelt, während auf dem Bildschirm riesige, abenteuerlich geformte Bruchstücke fremdartiger Technologie vorbeidrifteten.

Sie hatten es schon fast überstanden, als ein besonders großes Fragment zentral auf sie zukam. Es sah aus wie die Andockrampe einer zertrümmerten Raumstation, an der noch ein Raumschiff von beeindruckenden Ausmaßen hing. Das Ganze war fast tausend Meter lang.

Ben erklärte: »Mit unserem lädierten Triebwerk kann ich nicht ausweichen. Dieses Hindernis muss durch Beschuss in mehrere Teile zerlegt werden. Mirko, übernimmst du den Abschuss?«

»Mit Vergnügen!« Der Angesprochene griff sich die Kontrollen und feuerte mehrere Projektile genau an die Stelle, wo das Raumschiffwrack angedockt war. Er hatte gut gezielt, die beiden Teile drifteten langsam auseinander. Langsam schob sich die *Lotosblüte* durch die schmale Passage, die beiden Bruchstücke glitten an ihnen vorbei, auf dem Monitor immer größer werdend, und verschwanden schließlich aus dem Bildausschnitt. Ines' angehaltener Atem entlud sich in einem Aufschrei, als ihr Raumschiff unerwartet einen heftigen Stoß erhielt.

»Etwas hat uns gestreift.« Ben schaltete auf die Heckkamera. Ein vorstehendes Bauelement hatte sich in die schmale Durchfahrt hineingedreht und die Triebwerkssektion erwischt. Das genaue Ausmaß des Schadens war aus der Kameraperspektive nicht erkennbar.

Wenigstens konnte Ben Entwarnung geben: »Wir sind durch. Keine weiteren Hindernisse.«

Mirko stellte erleichtert fest: »Das war wie bei einem Computerspiel. Das schwierigste Level kommt immer zum Schluss.«

Ines sagte: »Wir müssen wissen, wie groß der Schaden ist. Ben, schick die Kameradrohne hinaus!«

Ben bestätigte: »Drohne startbereit. Übernimmst du die Steuerung, Mirko?«

»Nein, danke, Ben. Ich werde diesmal nur zusehen.«

Ines fand es bemerkenswert, dass Mirko und der Bordcomputer miteinander redeten wie gute Freunde.

Auf dem Bildschirm kam das Triebwerk in Sicht. Die beschädigte Düse hatte durch die Kollision einen Riss abbekommen.

Sri fragte Ben: »Kannst du bitte noch näher gehen? Ich möchte mir ansehen, ob wir da noch was reparieren können.«

Das größer werdende Bild zeigte nach und nach immer mehr Details.

Dann war es plötzlich verschwunden.

»Was ist los?«, rief Ines.

Ben antwortete: »Ich habe den Kontakt verloren. Die Heckkamera hatte die Drohne im Blickfeld. Ich spiele ab, was sie aufgezeichnet hat.«

Auf dem Schirm war zu sehen, wie die kleine Drohne langsam am Schiffsrumpf entlang glitt und dann in einem Strahlungsblitz explodierte.

Mirko sprudelte hervor: »Sieht ganz so aus, als würden wir ...«

Eine Erschütterung ging durch das Schiff, kurz darauf eine weitere.

»... beschossen«, beendete Ines Mirkos Satz und sprach weiter: »So tot sind diese Artefakte anscheinend doch nicht. Wir können mit unserer Schrottmühle keine Ausweichmanöver mehr fliegen. Mirko, das ist ein Fall für den Bordschützen! Lokalisiere die Quelle des Beschusses und schalte sie aus. Feuer frei!«

Mirko stülpte sich den VR-Helm über und aktivierte die Waffensteuerung. Ines atmete schwer. Da draußen gab es riesige außerirdische Anlagen mit tödlichen Waffen. Und was hatten sie selbst zu bieten? Nur ein kleines, kaum mehr manövrierfähiges Schiffchen. Konnten sie in diesem ungleichen Kampf bestehen?

20 | Intensive Gespräche

»Guten Tag, die Herren! Was kann ich für Sie tun?«, flötete der Hafenmeister der Raumstation *Enana Roja* mit geschäftlicher Freundlichkeit.

»Hätten Sie die Güte, uns eine Auskunft zu erteilen?«, fragte Finn im gleichen Tonfall zurück. Knut, der ihn begleitete, grinste, als er seinen Boss so gestelzt sprechen hörte.

Der Hafenmeister antwortete: »Aber selbstverständlich! Natürlich sind alle Arten von Recherchen immer mit großem Aufwand verbunden. Deshalb müssen wir leider eine bescheidene Bearbeitungsgebühr verrechnen. Der Betrag hängt von der Art der Anfrage ab. Für Fragen zu den angelegten ...«

Finn unterbrach ihn: »So, genug gelabert! Schmiergeld gibt's von mir keines.«

»Schmiergeld? Ich muss schon bitten! Die Vorschriften ...«

Auf Finns knappes Nicken hin hangelte sich Knut im schwerelosen Büro hinter den Beamten, hob ihn aus seinem Stuhl und schüttelte ihn. Der schmächtige Mann zappelte hilflos in Knuts Pranken, bevor er unsanft wieder abgesetzt wurde. Empört keuchte er: »Ich warne Sie! Die Sicherheitskräfte ...«

Diesmal kam die Unterbrechung von Finn selbst. Er holte weit aus und knallte dem Hafenmeister seinen Handrücken ins Gesicht. »Schluss jetzt! Kommen wir endlich zur Sache!« Natürlich hatte er vorher mit den Sicherheitsleuten gesprochen. Sie wurden von einer Mafiasippe kontrolliert, mit der er gute Geschäfte machte. Er hatte freie Hand.

Der Hafenmeister, von Finns Schlag noch benommen, erkannte seine Lage und lenkte ein: »Schon gut, was wollen Sie wissen?«

»Hat hier in letzter Zeit ein Schiff angelegt, das von Pitcairn gekommen ist?«

Hastig durchsuchte der Beamte seine Datenbank. »Tut mir leid, Pitcairn hat seit Jahren niemand mehr als Herkunftshafen angegeben. Ehrlich!« Er hielt sich die schmerzende Backe. »Auch wenn Ihr Mitarbeiter und Sie mich noch, äh, eingehender befragen, mehr kann ich Ihnen nicht sagen.«

Finn glaubte ihm, der war weichgeklopft. »Na schön, sie müssen ja nicht gesagt haben, wo sie herkommen. Sonst noch was Auffälliges in der Liste?«

»Moment, ich erweitere die Suche. – Da, ein Schiff unbekannter Herkunft, den eigenen Angaben nach ein Neubau, es wurde erst hier registriert, unter dem Namen *Lotosblüte*.«

»Und, weißt du sonst noch was? Wer ist der Kapitän?«

»Eine Frau war bei mir und hat die Gebühren beglichen. Sie nannte sich Ines. Ich glaube, sie ist auch die Kommandantin. Mehr weiß ich nicht, sie war nicht besonders gesprächig.«

»Und wie hat sie bezahlt?«

»Mit Synchronit.«

»So so«, murmelte Finn und hakte nach: »Wo hat diese *Lotosblüte* angelegt?«

»Derzeit nicht an unserem Pier.«

»Gut, wir gehen dann. Einen schönen Tag noch.«

Der Hafenmeister tupfte das Blut unter dem Auge mit einem Taschentuch weg. »Ich freue mich, dass ich helfen konnte. Ich musste aber gegen einige Vorschriften verstoßen. Wäre nicht doch eine kleine Aufmerksamkeit ...«

Ein grimmiger Blick von Knut genügte, um den Mann verstummen zu lassen.

In einer kleinen Bar in der Nähe genehmigten sie sich einen Drink. Nach dem üblichen Austausch von Belanglosigkeiten fragte Finn den Barkeeper: »Joseph, kennst du ein Raumschiff *Lotosblüte*?«

»Aber klar doch, über sie ist vor einiger Zeit viel geredet worden. Sie arbeiten im Geleitschutzgeschäft, angeblich recht erfolgreich. Aber am meisten wurde über ein außerirdisches Besatzungsmitglied getratscht. Die haben so eine Art Rieseninsekt an Bord. Ich hab es sogar selbst einmal gesehen, es sah aus wie eine übergroße Spinne oder eine Heuschrecke. Dieses Monster soll in einer Bar unten im Ring ganz allein einen Trupp bewaffneter Sippenleute aufgemischt haben.«

Knut brummte: »Wo kriegen wir hier Insektengift in Großpackungen?«

Finn, der wusste, dass sein Erster Offizier alle Arten von Krabbeltieren fanatisch verabscheute, beruhigte ihn: »Geduld, Knut. Diese *Lotosblüte* werden wir uns schon noch vorknöpfen, mitsamt allen Viechern an Bord. Sie ist bisher immerhin die einzige Spur zu meinem Synchronit.«

Er wandte sich wieder an den Barmann: »Weißt du, wo die *Lotosblüte* gerade unterwegs ist?«

»Nicht wirklich, diese Geleitschützer hängen ihre Jobs nicht an die große Glocke, damit sie nicht gleich die Sippenpiraten am Hals haben. Jemand hat einmal in dem Zusammenhang den Händler Sancho erwähnt. Er hat einen kleinen Laden mit Werkstatt hier im Zentralbereich, gleich dort drüben.« Joseph deutete mit der Hand zur Tür hinaus.

Nach weiterem Geplauder bezahlte Finn, und die beiden Gäste machten sich auf den Weg zu Sanchos Werkstatt. Dort fanden sie nur ein Schild an der Tür. Sancho sei geschäftlich unterwegs, in dringenden Fällen solle man sich an einen gewissen Elmar wenden.

Elmar betrieb ganz in der Nähe ein Fachgeschäft für Kampfsportartikel. Finn erkannte Schwerter und Dolche, Kampfstäbe, Nunchakus und Wurfsterne. Elmar selbst war ein junger Kybernet mit den typischen Piercings und einer Handprothese, die bei jeder Bewegung rasselte und quietschte.

»Ich wundere mich ja auch schon«, antwortete er auf Finns Frage nach Sancho. »Er sollte schon längst zurück sein. Aber Avalon ist ein gefährliches Pflaster, mitten in der Sagittarius-Region. Ich mache mir schon Sorgen um ihn, und ein bisschen schlechtes Gewissen habe ich auch. Unter anderem ist er ja auch meinetwegen dort, weil er mir Ersatzteile für meine Hand mitbringen will. Die ist schon ziemlich hinüber.« Er betätigte geräuschvoll die Prothese. »Diese Art von Feinmechatronik machen sie auf Avalon einfach am besten, auch andere Sachen bekommt man nirgendwo sonst. Da zahlt sich die riskante Tour schon aus, außerdem, das dürfte ich euch gar nicht sagen, hat er sich die beste Eskorte ausgesucht, die man sich denken kann.« Er senkte die Stimme zu einem Flüstern. »Die *Lotosblüte*. Die Kommandantin ist eine alte Freundin von ihm. Ich weiß nicht, ob sie je was miteinander gehabt haben, eher nicht. Eine Kybernetin gehört auch zu ihrer Crew, Zora oder so, die kenne ich aber nicht näher.«

Elmars Redefluss war kaum zu bremsen. Finn fragte dazwischen: »Haben die nicht auch so ein Insektenwesen an Bord?«

Elmar schwadronierte begeistert weiter: »Du meinst die Insektoide, vor der alle auf der Station so Angst haben? Sie ist eine weibliche Riesenheuschrecke und heißt Sri. Ich habe sie persönlich kennengelernt, sie war oft bei Sancho und hat auch bei mir ein paar Sachen für die Kampfausrüstung ihres Raumschiffs gekauft. Sie kann richtig sprechen, es klingt nur ein wenig zischend. Wenn man sie einmal kennt, ist sie eigentlich ganz nett, nur zum Feind möchte ich sie nicht haben. Keine Ahnung, wo diese Spezies herkommt und wie viele es von denen gibt. Sie selber wollte dazu nichts sagen, auch sonst wusste niemand was, obwohl ich viel herumgefragt habe.«

Knut hatte sich inzwischen umgeschaut und schaltete sich zu Finns Erleichterung in das einseitige Gespräch ein: »Schöne Sachen hast du da, mit Waffen kenne ich mich ganz gut aus. Aber was ist denn das?«

Er hob einen kunstvoll verzierten Griff auf, an dem ein Schalter angebracht war. Elmar nahm ihm das Gerät rasch aus der Hand und erklärte: »Das ist ein Laserschwert.«

Knut schüttelte den Kopf: »Laserschwert? Nie gehört! Was soll denn das sein?«

Elmar hielt den Griff von seinen Gesprächspartnern weg. Er schaltete ein, fuchtelte damit in der Luft herum und sagte: »Eigentlich sollte dieses helle Ding wie eine richtige Schwertklinge funktionieren, mit allen Hieb- und Stichfunktionen.«

Finn warf ein: »Das kann doch nicht sein, man kann doch einen energiereichen Laserstrahl nicht so plötzlich enden lassen. Ich halte das Ganze für einen Trick.«

»Gut erkannt«, gab Elmar zu. »Ich nenne es lieber eine Simulation. Der Strahl wird durch ein ganz normales Hologramm vorgetäuscht. Eigentlich ist es also nur ein Spielzeug. Es gibt hier auf der Station ein kleines Grüppchen von Fanatikern, die sich Jedi oder Yeti oder so ähnlich nennen, die stehen einfach auf diese Dinger. An meiner Handprothese sind sie auch immer sehr interessiert, ich habe keine Ahnung warum. Sie löchern mich und Sancho regelmäßig mit Fragen, ob man nicht ein echt funktionierendes Laserschwert bauen könnte. Ich muss sie immer wieder enttäuschen. Die Gesetze der Physik lassen sich nicht so einfach überlisten. Sie zahlen aber auch für die Holo-Simulationen ganz gut.«

Der Mann redete und redete. Finn wurde langsam ungeduldig. Er verabschiedete sich, solange er es noch schaffte, höflich zu bleiben, und sie verließen den geschwätzigen Händler. Unterwegs fasste er zusammen: »Gut, jetzt wissen wir schon etwas mehr. Eine gewisse Ines ist mit ihrer *Lotosblüte* aus dem Nichts hier aufgetaucht und hat alles mit Synchronit bezahlt. Der Blutsauger im Hafenbüro hat ihr sicher eine ordentliche Summe für die Registrierung verrechnet. Da könnte mein Synchronit im Spiel gewesen sein.«

Schweigend setzten sie ihren Weg zur *Fenriswolf* fort. In Finn hatten die Berichte von einer Riesenheuschrecke eine Erinnerung geweckt. Es war schon einige Jahre her, als ihm in einer Hafenkneipe ein betrunkener Piratenkapitän etwas von *Niggerbugs* erzählt hatte. So hatte er insektoide Sklaven bezeichnet, die er angeblich selbst einsetzte und auch verkaufte. Er hatte Finn unbedingt ein Exemplar aufschwatzen wollen. Sie seien anspruchslos zu halten, sehr gelehrig, äußerst strahlenresistent und intelligent genug für komplizierte technische Einsätze. Finn hatte das damals für das großmäulige Geplapper eines alkoholisierten Angebers gehalten und abgelehnt. Es war davon ausgegangen, dass der angebliche Sklavenhalter ihm einen sechsbeinigen Mechano angedreht hätte, einen insektenähnlichen Roboter mit beschränkter künstlicher Intelligenz, wie sie ohnehin schon verbreitet im Einsatz waren, recht praktisch, aber nichts Besonderes.

Nach dem, was er inzwischen gehört hatte, musste er diese Begebenheit, die er schon fast wieder vergessen hatte, womöglich in einem neuen Licht sehen. Insektoidensklaven könnte es wirklich geben. Vielleicht war damit sogar ein gutes Geschäft zu machen.

Aber zuerst musste er die *Lotosblüte* aufspüren. Die einzige brauchbare Spur führte nach Avalon.

21 | Besucher

Außer Atem kamen Istra und Frr-zrr in der Zentrale an. Die diensthabende Wächterin zeigte auf den Bildschirm: »Wir haben ein Objekt auf dem Radar. Es muss was Großes sein, weil wir schon auf diese Entfernung ein so deutliches Signal bekommen. Die Flugbahn deutet darauf hin, dass es in einen äquatorialen Orbit einschwenken will.«

»Gibt es Funkkontakt?«, fragte Istra nach.

»Wir haben die Standardfrequenzen versucht und dann auch andere, bisher haben sie nicht geantwortet.«

Die Besatzung der dürftig bewaffneten Beobachtungsstation beobachtete angespannt, wie sich das fremde Objekt näherte, bevor es hinter dem Horizont verschwand. Als es nach fast einer Stunde wieder aus dem Sichtschatten auftauchte, hatte es schon eine niedrige Umlaufbahn um Neuirland eingenommen. Istra studierte erstaunt die Radardaten. »Das muss ja riesig sein! Ein normaler Sklavenjäger ist das bestimmt nicht. Bekommen wir schon Bilder vom Teleskop?«

Auf dem Fernrohrbild war, durch die Luftunruhe verschwommen und flimmernd, ein kugelförmiges Objekt zu sehen. Frr-zrr, der das Teleskop bediente, kommentierte: »Wenn die Entfernungsdaten stimmen, komme ich auf einen Durchmesser von fast dreitausend Metern.«

Ein paar Sekunden waren alle in der Station vor Angst wie gelähmt. Sie hatten zwar mit ihren Raketen und elektromagnetischen Kanonen schon den einen oder anderen Sklavenfänger in die Flucht geschlagen, aber gegen so etwas Riesiges hätten sie keine Chance.

Nun empfingen die Antennen doch ein Funksignal. Sprache, Frequenz und Codierung entsprachen Menschenstandards. Eine kurze Nachricht wurde ständig wiederholt: »Wir sind Karrzha. Könnt ihr uns hören?«

Istra schaltete auf Senden: »Hier Insektoidenkolonie Neuirland, wir hören euch. Was wollt ihr?«

Die Karrzha antworteten: »Wir suchen eine neue Heimat. Dieser Planet erscheint uns für die Besiedlung geeignet.«

Istras Angst drohte, in Panik umzuschlagen, den anderen erging es ähnlich.

»Und was ist mit uns?«, fragte er verzweifelt. »Wollt ihr unsere ganze Kolonie einfach ausrotten?«

»Wir hätten die militärischen Kapazitäten dafür. Aber wir sind Karrzha. Unser oberster Wert ist Kooperation. Deshalb werden wir nur den unbesiedelten Teil eures Planeten in Anspruch nehmen.«

Istra war erleichtert. »Ich nehme an, ihr sprecht vom Nordkontinent.«

Nun kamen Bilddaten herein. Zu sehen war Neuirland vom Weltraum aus, der Nordkontinent war markiert.

Auch die anderen atmeten auf. Die Invasoren schienen doch nicht so kriegerisch zu sein wie befürchtet, sie suchten nur einen Platz zum Leben. Der nördliche Kontinent war zwar auch bewohnbar und eisfrei, aber nur spärlich bewachsen, das Klima war rau. Die Heuschrecken hatten ihn auf einigen Expeditionen erforscht, sich aber nie dauerhaft niedergelassen. Wenn den Karrzha dieser kahle Ort genügte, würde ihr eigener Lebensraum erhalten bleiben.

Die Stimme fuhr fort: »Es gibt noch weitere Fakten, die uns bewogen haben, auf Zusammenleben statt auf Eroberung zu setzen. Zum einen sind wir euch ähnlich, wir sind Insektoide wie ihr.«

Der Bildschirm zeigte schwarze, ameisenähnliche Wesen, die in Gruppen verschiedene Arbeiten verrichteten. Istra und seine Freunde waren nun vollends beruhigt. Sie hatten unberechenbare, fremdartige, vielleicht sogar grausame Aliens erwartet, nach Art der Menschen oder noch schlimmer. Aber diese Sechsbeiner wirkten vertraut und vertrauenswürdig.

Sie sprachen wieder: »Unser Vorauskommando hat euren Planeten und euch selbst bereits unbemerkt erkundet. Wir haben in eurem Schwarmverhalten Parallelen zu unserem Kollektiv gefunden.«

Nun wurden Bilder von Neuirland gesendet, anscheinend hatten die Karrzha unbemerkt kleine Drohnen ausgesetzt. Diese Ameisenwesen verfügten nicht nur über ein riesiges Raumschiff, sie waren offenbar auch technologisch überlegen. Istra war froh, sie als Verbündete begrüßen zu können. Vielleicht bekam die Gemeinschaft nun sogar Hilfe gegen die Sklavenjäger.

»Außerdem sind wir schon einmal einer Vertreterin eurer Spezies begegnet.« Bei diesem Text wechselte das Bild in eine fremde Umgebung mit vielen Karrzha, wahrscheinlich das Innere ihres Schiffs. Dazwischen tauchte eine Riesenheuschrecke auf. Es war Sri, wie Istra sofort erkannte.

»Sie war Abgesandte der Menschen und hat durch ihre besonnene, verbindende Art einen guten Eindruck bei unserem Kollektiv hinterlassen. Auch die Menschen in Begleitung der Abgesandten waren friedfertig und haben uns ihre Sprachdatenbanken zur Verfügung gestellt. Deshalb konnten wir sofort mit euch kommunizieren.«

Istra vereinbarte mit den Karrzha einen Landeplatz für das Schwarmschiff in einer weiten Ebene nahe der Südküste des nördlichen Kontinents. Nach einigen Planetenumrundungen und schrittweisen Kurskorrekturen, die Istra und seine Freunde mit Radar und Teleskop mitverfolgten, setzte die gigantische Kugel am vorgesehenen Ort auf. Sie schickte eine kleine, mit zwei Karrzha besetzte Einheit zur Zentrale der Heuschreckenkolonie, um, wie die beiden Delegierten erklärten, durch umfassende Kommunikation eine gute Vertrauensbasis zwischen den Insektenvölkern aufzubauen.

»Wir werden vorerst im Mutterschiff wohnen«, berichteten sie. »Dafür müssen wir das Innere vollständig umbauen, weil anstelle der Zentrifugalkraft hier die nach unten ziehende planetare Schwerkraft wirkt. Wir planen aber, möglichst bald einen Bau auf dem Boden unserer neuen Heimat zu errichten. Sehr wichtig ist uns die Schaffung einer Nahrungsgrundlage. Die Vegetation eures Planeten ist mit unserem Stoffwechsel nicht kompatibel. Wir werden den Nordkontinent komplett sterilisieren und unsere mitgebrachten Pflanzen ansiedeln. Bei den dortigen klimatischen Bedingungen werden sie gut gedeihen.«

Istra warf ein: »Ganz wird sich eine Vermischung der unterschiedlichen Ökosysteme aber nicht vermeiden lassen. Das könnte unvorhergesehene Konsequenzen haben.«

»Dieses Risiko ist uns bewusst. Wir werden wachsam sein, darum bitten wir auch euch.«

»Einer anderen Gefahr sind wir schon jetzt ausgesetzt. Immer wieder tauchen Menschen in bewaffneten Raumschiffen auf und fangen einige von uns, um sie zu versklaven. Ich glaube nicht, dass sie euch etwas anhaben können, aber für uns sind sie eine ständige Bedrohung. Könnt ihr uns gegen diese Räuber helfen? Sie verstoßen brutal gegen das Prinzip der Kooperation, und dank eurer überlegenen Bewaffung wäre das Risiko für euch äußerst gering.«

»Das werden wir bestimmt tun. Nach unseren ersten Kontakten mit den Menschen erschienen uns ohnehin Vernichtung oder Unterwerfung dieser Spezies als einzige sinnvolle Optionen. Erst durch den Vermittlungseinsatz eurer Artgenossin wissen wir, dass es auch kooperative Menschen gibt. Die von euch beschriebenen Sklavenjäger scheinen allerdings nicht zu dieser Kategorie zu gehören. Bei ihnen dürfte also Vernichtung die beste Vorgehensweise sein.«

Die Kolonieführung berief eine Versammlung ein, um allen die neue Sachlage zu erklären. Istra als Verhandlungsführer hatte diese Aufgabe übernommen. Ein paar jugendliche Heißsporne, die ihre letzte Häutung gerade hinter sich hatten, protestierten gegen die »Fremdherrschaft«. Istra argumentierte, dass sie ohnehin keine Wahl hätten, worauf andere vorschlugen, gleich einen neuen Planeten zu suchen. Schließlich waren viele ihrer Ahnen aus der Sklaverei hierher geflohen. Freiheit war ein hoher Wert auf Neuirland. Aber auch sie blieben in der Minderheit, die meisten fanden sich mit den neuen Mitbewohnern ab. Die Vorteile einer insektoiden Allianz mit einer so gut gerüsteten Schutzmacht schienen doch zu überwiegen.

Später sollten die beiden Karrzha-Delegierten abgelöst werden. In der Flugeinheit, mit der sie hergekommen waren, war noch Platz frei, so konnte Istra mitfliegen, um das Mutterschiff der Karrzha zu besuchen.

Unterwegs nach Norden sah Istra nachdenklich auf die grüne, von Baumgruppen und kleinen Wäldern durchsetzte Graslandschaft seiner Heimat hinab. Die Ankunft des Karrzha-Schiffes brachte die größte Veränderung nach Neuirland, die diese Kolonie jemals erlebt hatte. Würden sie weiterhin leben können wie bisher, vielleicht sogar besser? Oder war das der Anfang vom Ende? In düsteren Zukunftsfantasien malte er sich aus, wie sich das Ameisenvolk nach und nach über den ganzen Planeten verbreitete und die Riesenheuschrecken immer weiter zurückdrängte oder sogar niedermetzelte. Aber er hatte ja selbst den anderen immer wieder erklärt, dass sie keine Wahl hatten.

Nach längerem Flug über das Meer kam am Horizont Land in Sicht. Schon von Weitem dominierte die kilometergroße

Kugel des Schwarmschiffs die Landschaft an der Küste des Nordkontinents. Die beiden Karrzha erklärten Istra, dass alle Flug- und Kampfeinheiten noch einsatzfähig wären. Einige davon sah Istra in der Umgebung des Mutterschiffs herumkurven. Sie sollten das Gelände erforschen, um einen guten Platz für die neue Wohnstätte des Karrzha-Volkes ausfindig zu machen. Aber auch der ökologische Umbau war schon in vollem Gang. Weder Istra noch die Karrzha durften ins Freie, weil draußen mit Gift und hochdosierter Strahlung die ursprüngliche Pflanzen- und Tierwelt völlig vernichtet wurde. Die kleine Einheit flog durch eine Luftschleuse ins Innere, wo die beiden Delegierten den Platz für zwei andere frei machten, ehe sie die Rückreise zur Heuschreckenkolonie antraten. Istra unterhielt sich mit den beiden Neuen fast genauso wie mit ihren Vorgängern. Die Karrzha offenbarten so wenig Individualität, dass er so gut wie keinen Unterschied merkte. Sie erklärten ihm, dass nach der Sterilisierung ihrer neuen Heimat die mitgebrachten Sporen ihrer eigenen Pflanzen ausgestreut würden. Der Nahrungskreislauf im Schwarmschiff funktionierte zwar noch, war aber in der künstlichen Umgebung nur mit großem technischen Aufwand aufrechtzuerhalten. Die Karrzha hofften, bald wieder unter ähnlichen Bedingungen wie auf ihrem zerstörten Heimatplaneten leben zu können.

22 | Tödliche Gefahren

Voller Sorge verfolgte Zena den Spießrutenlauf der *Lotosblüte*. Auch Ines, die das angeschlagene Schiff durch den intensiven Beschuss manövrierte, war die Anspannung anzumerken. Mirko hingegen wirkte zuversichtlich, geradezu vergnügt. »In den Angriffen steckt ein einfaches Muster. Sie kommen abwechselnd von zwei Stellen auf dem Artefakt da draußen, immer im gleichen Rhythmus. Ich ziele mit den Frontalwerfern auf beide Stellen zugleich. So, Raketen unterwegs!«

Die *Lotosblüte* musste noch einen Treffer einstecken, bevor die Lenkwaffen einschlugen. Auf dem Objekt blitzten zwei Explosionen auf, die es in mehrere Stücke rissen.

Zena lachte. »Spitze, Mirko! Damit kommst du gleich ins nächste Level.«

Ines fragte: »Wie sieht's bei uns aus?«

Zena überprüfte die Anzeigen, was ihre Euphorie gleich wieder dämpfte. »Das Backbord-Steuertriebwerk ist hinüber. Ines, was meinst du? Schaffen wir es trotzdem bis zu dem Ding da vorn?«

Ines antwortete: »Ich glaube schon, auch wenn es etwas länger dauern wird. Aber wollen wir jetzt überhaupt noch dort hin?«

Mirko wandte ein: »Wenn ihr euch Sorgen wegen des Beschusses macht, kann ich euch beruhigen. Die fremden Waffen feuerten nach Schema F. Das war bestimmt eine automatische Verteidigungsanlage und nicht einmal eine besonders intelligente. Ich muss sie aktiviert haben, als ich uns den Weg freigeschossen habe.«

»Ich glaube, du hast recht. Jetzt scheint Ruhe eingekehrt zu sein«, sagte Sancho. »Wir haben ohnehin keine Wahl. Wir müssen dort hinein. Mit Bordmitteln bekommen wir unser Raumschiff nicht mehr flott. Wir brauchen Rohstoffe, Ersatzteile und Treibstoff.«

Das Zielobjekt erwies sich als kilometergroßer Zylinder ähnlich dem ersten, allerdings schien dieser Struktur fast die Hälfte zu fehlen, denn sie war deutlich kürzer und endete auf einer Seite in einer unregelmäßig gezackten Bruchlinie.

Ines fragte: »Ob wir in dieser Ruine etwas Brauchbares finden?«

Sancho zuckte die Achseln. »Versuchen müssen wir es. Erfolgsgarantie haben wir natürlich keine. Dazu müssten wir hellsehen können.«

Das war ein Stichwort für Zena, die sich vom Bildschirm abgewandt hatte und durch eines der Frontfenster blickte. »Dafür bin ich zuständig! In der Nähe des zerschossenen Endes sehe ich eine wärmere Stelle. Dort könnte eine noch aktive Energiequelle sitzen.«

»Glückwunsch, Zena!« Mirko grinste sie an. »Jetzt kommst du auch ins nächste Level. Mit deinen Wunderaugen kann niemand mithalten.«

Einer war ihr allerdings mit seinen Sensoren überlegen. »Die Stelle, von der Zena spricht, ist um etwa neun Grad wärmer als die Umgebung«, erklärte Ben und legte ein farbcodiertes Wärmebild auf den Schirm.

»Gut! Dann haben wir ein klares Ziel.« Ines war die Erleichterung deutlich anzuhören. »Ich werde versuchen, die *Lotosblüte* möglichst in der Nähe festzumachen. Ich brauche dann Freiwillige für den Außeneinsatz.«

Außeneinsatz! Darauf hatte Zena schon gewartet. »Ich melde mich!«, rief sie. »Wer kommt mit? Sri?«

Doch die Insektoide winkte ab, zu ungern zwängte sie sich in den Raumanzug. Schließlich erklärten Sancho und Mirko sich bereit, Zena zu begleiten. Ines, die Zena zur Kommandantin des Außenteams ernannte, würde mit Sri im Schiff die Stellung halten.

Zena und die zwei Männer machten sich in der Luftschleuse für den Ausstieg bereit, während Ines die angeschlagene *Lotosblüte* vorsichtig an den scharfen Kanten des zerstörten Objekts vorbei manövrierte. Zena sah durch die Luke den weit herausragenden Stumpf eines meterdicken Trägers. Sie sprach ins Helmfunkgerät: »Mirko, Sancho, wir machen die Trosse dort draußen fest. Ines, kannst du die Relativgeschwindigkeit auf null drosseln? Ich habe einen guten Ankerplatz gefunden.«

Ines bestätigte. Zena öffnete die Tür und schwebte mit ihren beiden Begleitern zu dem starken Seil, das Ines ausgeworfen hatte. Sie packte es am Ende, Sancho half ihr dabei, während Mirko in einigem Abstand darauf achtete, dass das Tau sich nicht verknotete oder verhakte. Zena liebte den freien Weltraum, euphorisch rief sie: »Das wird ein Spaß! Vorwärts, los geht's!«

Mirko warnte sie: »Mach bloß nicht zu schnell! Ihr fliegt mir ja fast davon.«

»Schon gut! Wir sind ohnehin schon da.« Gemeinsam mit Sancho legte sie die Leine um den Träger, wo sie in einer Einkerbung gut halten würde.

Inzwischen schloss Mirko zu ihnen auf, Zena gab Ines Bescheid: »*Lotosblüte* gesichert! Wir gehen jetzt rein.«

Vorsichtig drangen sie durch eine weite Öffnung in einen riesigen Hohlraum ein. Zena blickte sich um, konnte aber noch kein Anzeichen der Energiequelle erkennen.

»Ich sehe im Augenblick unser Ziel nicht, versuchen wir es hier lang.«

Sancho warf ein: »War das nicht etwas weiter links?«

»Du könntest recht haben«, antwortete Zena. »Probieren wir diese Öffnung.« Sie deutete auf einen offenen Seitengang, in dessen Umgebung die Helmlampen etliche geschlossene Eingänge zeigten, aber auch aufgerissene Schächte mit heraushängenden Kabeln und Schläuchen, letzte Ausläufer der großen Bruchlinie.

Mitten im Korridor, dessen Ende sich im Dunkel verlor, spürte sie schwache Radioaktivität, die im Vordringen stärker wurde. Sie bremste und warnte die anderen: »Vorsicht, Strahlung! Wir gehen zurück zu der Nische dort.«

In der Einbuchtung, die Zena gemeint hatte, hielten sich die drei an Halbringen fest, die an vielen Stellen in die Wand eingelassen waren und auch den ursprünglichen Bewohnern zum Festhalten gedient haben könnten. Den Griffen nach zu schließen mussten die Außerirdischen wesentlich größer als Menschen gewesen sein. Dafür sprach auch ein rundes Schott mit mehr als drei Metern Durchmesser unmittelbar hinter ihnen.

Mirko sah sich den Schließmechanismus an. »Ich glaube, ich könnte dieses Ding öffnen. Vielleicht finden wir dahinter etwas Brauchbares.«

»Moment noch!« Zena versuchte, Ines und Sri Bericht zu erstatten, doch sie bekam keine Verbindung. Außerdem wollte sie sich noch genauer umsehen, bevor sie auf Mirkos Vorschlag einging. Als sie auf die andere Seite des Korridors leuchtete, erblickte sie eine gleichartige geschlossene Klappe. Nach dem Abschalten der Lampe sah sie an dieser Stelle eine leichte Temperaturerhöhung, knapp über der Wahrnehmungsgrenze ihres Augensensors.

»Drüben ist es ein bisschen wärmer.« Sie zeigte mit dem Arm hinüber. »Sehen wir uns das an!«

Sie wollte schon die Raumanzugsdüsen aktivieren, um quer durch den Hohlraum hinüber zu fliegen, doch Sancho warnte sie: »Ich glaube, wir sollten Treibstoff sparen. Hier gibt es überall Haltegriffe. Wir hangeln uns besser an der Peripherie entlang.«

»Schade! Wo ich doch so gern frei schwebe. Aber du hast natürlich recht.«

Die vielen Griffe und Vorsprünge ermöglichten ein rasches Vorankommen. Beim anderen Schott machte sich Mirko gleich an die Arbeit. Ein Gebilde am Rand, das wie ein Schaltpult aussah, war inaktiv. Mirko murmelte: »Es muss doch eine Art Notsystem geben, etwas rein Mechanisches.« Er zog an den klobigen Stangen und Hebeln. Schließlich schwenkte die Verriegelung zur Seite, und er konnte die schwere Tür an den Griffen aufziehen.

Ein mehrere Meter breiter Seitengang mit dreieckigem Querschnitt tat sich auf. Zena kletterte voraus und rief erfreut: »Warm – wärmer – noch wärmer – ganz heiß! Wir sind auf dem richtigen Weg! Und Radioaktivität gibt es hier keine.«

Nach mehreren Abzweigungen, bei denen sie sich von der stärker werdenden Infrarotstrahlung leiten ließ, erreichten sie einen großen Saal, hinter dessen Wand Zena die gesuchte Energiequelle deutlich ausmachen konnte. Es schien sich um so etwas wie ein Labor zu handeln. Mehrere große Arbeitsbuchten waren von zahlreichen Anzeige- und Kontrollelementen umgeben. Aber alles war ausgeschaltet und vielleicht gar nicht mehr funktionstüchtig.

Mirko sah sich einen der Arbeitsplätze genauer an. »Von wo, hast du gesagt, kommt die Energie her?«

Zena zeigte ihm die Stelle.

»Aha, dann müsste das hier eine Zuleitung sein, und der Hauptschalter sitzt meistens ganz in der Nähe. Solche technischen Sachzwänge gelten auch für unsere außergalaktischen Ingenieure.«

Er umfasste mit der Faust einen länglichen Fortsatz und drehte ihn. Zena sah eine Reihe von Kontolllampen aufleuchten.

Plötzlich fluchte Mirko: »Scheiße, nichts rührt sich.«

»Ultraviolett!«, rief sie ihm zu. »Da leuchtet einiges, aber du merkst es nicht.«

Mirko kramte eine Bildwandlerbrille aus einer Seitentasche und hielt sie vor das Helmvisier des Raumanzugs. »Tatsächlich! Das sind UV-Lichter. Dann wollen wir einmal sehen ... Ah!«

»Mirko!«, schrie Zena entsetzt. Bläulich gleißendes Licht ließ einen Punkt an Mirkos Helm aufglühen. Der Strahl war so stark, dass Zena ihn dank schwebender Staubteilchen sogar von der Seite erahnen konnte. Er kam aus einer Stelle an der Wand, die der Energiequelle sehr nahe war. Zena unterdrückte den Reflex, mit ihrem Zungenlaser darauf zu schießen, das hätte ihren Raumanzug zerstört. Sie zog die Handwaffe, doch es war zu spät. Der Strahl hatte schon ein Loch in den Helm gebrannt, bevor er von selbst wieder erlosch. Leblos trieb Mirko von der Konsole weg, Luft zischte aus dem Helmleck. Zena hastete los, Sancho erreichte ihn vor ihr, sie hörte seine mühsam beherrschte Stimme: »Er hat die Dekompression gar nicht mehr mitbekommen.« Als auch Zena vor Ort war, sah sie mit Grauen die tiefe Verletzung in Mirkos Schädel. Die Alienwaffe hatte sich bis zu seinem Gehirn durchgefressen.

Zena war zu geschockt, um Trauer empfinden zu können. Sie fühlte sich nun ganz auf ihre kybernetischen Maschinenteile reduziert, ihre menschliche, empfindsame Seite war völlig betäubt. Sie und Sancho sprachen kein Wort, während sie sie den toten Körper zur *Lotosblüte* brachten.

Als die Instrumente unterwegs wieder Funkkontakt anzeigten, brach Zena unter großer Selbstüberwindung das Schweigen, um Ines und Sri vorzuwarnen. Roboterhaft monoton stieß sie ein paar kurze Sätze hervor, dann musste sie abrupt aufhören, um sich nicht in den Raumanzug zu übergeben.

In der Krankenstation untersuchten sie den Leichnam noch einmal gründlich. Als Mirkos Tod mit unerbittlicher Gewissheit feststand, erklärte sich Sri bereit, die Beisetzung zu übernehmen, und brachte den Toten in die Luftschleuse. Das war zwar dank der Schwerelosigkeit keine körperlich anstrengende Arbeit, aber die menschlichen Besatzungsmitglieder scheuten davor zurück. Der Transport vom Unfallort ins Schiff war schon schlimm genug gewesen.

Apathisch sah Zena zu, wie Sri gefühlvoll ihre mächtigen Kieferzangen einsetzte, um Mirko behutsam in der Luftschleuse abzulegen. Ines schloss die Innentür. Ihr als Kommandantin oblag die Abschiedsrede, wobei sie mehrere Male, mit den Tränen kämpfend, innehalten musste. Sie fand die richtigen Worte, die es auch Zena ermöglichten, endlich wieder ihr Herz zu öffnen, endlich ihre Trauer zuzulassen. Sie hatte diesen kauzigen, humorvollen Computerfreak trotz der kurzen gemeinsamen Zeit doch schon recht gut kennengelernt und lieb gewonnen. Sancho schien es ähnlich zu gehen, und bald lagen die drei Menschen einander in den Armen und weinten hemmungslos. Dabei umfassten sie auch das Vorderbein von Sri, die ihren Kopf zu ihnen herabsenkte. Zena erlebte die Nähe und Wärme wie einen schützenden Kokon, in dem die vier Überlebenden versuchten, nach dem Verlust ihres Freundes Trost zu finden. Hier draußen, Tausende von Lichtjahren von allem entfernt, was ihnen vertraut war, hatten sie nur einander.

Wieder war es Sri, die den letzten Schritt setzte und die äußere Schleusentür öffnete. Die ausströmende Luft trug den Leichnam in den freien Weltraum, wo er langsam davondriftete, bis er nicht mehr zu sehen war. Zena starrte noch lang mit getrübtem Blick in die Schwärze des Alls, ehe sie aufhören konnte zu weinen.

23 | Auf der Spur

»Was, du willst wirklich den Sagittarius-Sektor anfliegen?«, fragte Knut entsetzt. »Das haben in letzter Zeit nur wenige probiert, die meisten sind nicht zurückgekehrt. Und weißt du, warum? In dieser Gegend sollen Monsterinsekten ihr Unwesen treiben. Ich habe von Riesenameisen oder Riesenspinnen gehört, die ihre Opfer bei lebendigem Leib aussaugen.«

»Aber Knut, du wirst doch nicht an solche Schauermärchen glauben!«

»Bisher nicht, aber jetzt wissen wir, dass es solche Viecher wirklich gibt. Der Plapperkopf auf Enana hat es bestätigt. Auch Joseph hat sie gesehen. Kakerlaken, Flöhe, Wanzen, nichts als Ungeziefer! Ich hasse diese Biester schon im Kleinformat!«

Finn ließ sich nicht beirren. »Damit erfüllst du die besten Voraussetzungen für einen guten Kammerjäger. Und den werden wir vielleicht noch brauchen. Grit, setz Kurs auf Avalon!«

»Aye, aye, Käpt'n!«, bestätigte die Navigatorin. »Aber ich habe die Gerüchte auch gehört, es könnte schon was dran sein. Es müssen ja keine Monster sein, vielleicht hat sich dort einfach eine gut bewaffnete Sippe breitgemacht. Sollen wir das wirklich durchziehen? Wo wir doch gar nicht sicher sind, dass wir das Synchronit dort finden.«

Finn lachte auf. »Ha! Wie gibt's denn so was, dass sich meine Mannschaft wegen dem bisschen Seemannsgarn gleich in die Hosen macht? Ich muss einfach wissen, wo mein Synchronit geblieben ist. Das lass ich mir nicht einfach so wegnehmen. Diese *Lotosblüte* schieß ich in tausend Stücke!«

Knut nickte grinsend. Finn wusste, wie er mit seinen Leuten umgehen musste. Knut war ein knallharter, kraftstrotzender Kämpfer und absolut loyal, aber nicht der Hellste. Grit hatte einiges mehr im Kopf und war für die Crew unverzichtbar, allerdings neigte sie zu Aufmüpfigkeit. Um ihr den Wind aus den Segeln zu nehmen, fügte er hinzu: »Und womöglich geht es in der Gegend von Avalon gar nicht so wild zu, wie alle tun. Dann könnten wir dort gute Geschäfte machen, mit oder ohne Synchronit, und das konkurrenzlos, weil sich niemand hintraut. Dann haben wir alle was davon. Es zahlt sich auf alle Fälle aus, einmal nachzusehen. Ich kann euch natürlich nicht versprechen, dass es eine Vergnügungsfahrt wird. Wir müssen eben gut aufpassen.«

Grit programmierte den Kurs, startete die Triebwerke und meldete: »Los geht's! In zwei Tagen und zwölf Stunden sind wir beim ersten Sprungpunkt.«

24 | Lebenszeichen

»Wie geht's, Sancho?«, fragte Ines. »Kannst du weitermachen?«

»Mehr schlecht als recht. Jetzt, wo wir fast wieder da sind, kommt die Erinnerung schon sehr stark hoch. Und ich gebe zu, ich habe Angst.«

»Bei mir ist es nicht ganz so schlimm, ich war ja nicht dabei. Aber besonders wohl ist mir auch nicht. Wer weiß, was da noch für Fallen auf uns warten. Ich finde es großartig von dir, dass du mitgekommen bist.«

»Leicht ist es mir nicht gefallen. Aber es musste doch jemand mit, der schon da war.«

»Und Zena ist noch immer fix und fertig. Sie stand Mirko näher als ich oder du. Ich hätte sie niemals mitnehmen können, selbst wenn sie sich gemeldet hätte.«

»Mir wäre es am liebsten gewesen, wenn wir gar nicht mehr ausrücken müssten. Ich wollte diesen verfluchten Ort nie wiedersehen.«

»Ich weiß«, antwortete Ines. »Aber es muss sein.«

»Ja, leider. Wenn wir nichts finden, um unsere *Lotosblüte* wieder flottzubekommen, hängen wir hier fest. – Wir sind da!« Sancho hielt an. »Das ist die Halle.«

Ines zog sich nach vorn und spähte hinein. Der weite Raum war dunkel, die Helmlampen beleuchteten immer nur einen kleinen Ausschnitt. In mehreren Wandnischen sah Ines eine Vielfalt fremdartiger technischer Anlagen.

Sancho reichte Ines eine Bildwanderbrille, durch die sie die ultravioletten Kontrolllampen bemerkte.

»Das Ding ist noch eingeschaltet!«

Sancho bestätigte: »Das kann gut sein. Mirko hat etwas von einem Hauptschalter gesagt, den er umgelegt hatte.«

»Weißt du, von wo der tödliche Strahl gekommen ist?«

»Nicht genau, da müsstest du Zena fragen. – Ines, hörst du mich?«

»Ja, aber ich hatte kurz eine Störung im Funkgerät.«

»Ich auch. – Schon wieder!«

Ines antwortete nicht. Das Rauschen kam immer wieder, kürzere und längere Pulse wechselten sich ab. Allmählich erkannte Ines einen Rhythmus. Sancho schien es auch zu bemerken, mit einer Geste bat er Ines zu schweigen. Schließlich sagte er: »Drei kurze, drei lange und drei kurze Signale, dann eine Pause.«

»Ein Code?«

»Ja, ein ganz alter, den heute kaum mehr jemand kennt. Ich glaube, er stammt noch von der Erde vor Beginn der Raumfahrt.«

»Und was bedeutet er?«

»Es ist ein Notsignal oder Hilferuf. Mehr weiß ich auch nicht. Ines, schalt einmal den Funk ab.«

Sie legten die Helme aneinander und unterhielten sich akustisch weiter, um nicht länger vom wiederkehrenden Rauschen gestört zu werden. Beide wunderten sich, dass in der Sculptor-Galaxie ein Menschensignal verwendet wurde. Vielleicht hatte sich schon vor ihnen jemand hierher verirrt und rief jetzt um Hilfe. Oder sollten sie in eine Falle gelockt werden? Aber wie kamen dann die Außerirdischen zu diesem Code?

Ines schlug vor zu antworten. Die tödliche Präzision des Angriffs auf Mirko hatte gezeigt, dass es in der Halle Kameras oder andere visuelle Sensoren geben musste. Sancho richtete einen Handscheinwerfer auf eine Stelle in der Nähe von Mirkos Unfallort und schaltete mehrere Male ein und aus. Sofort änderte sich das Signal auf zwei längere Impulse mit einer Pause danach, dann zweimal lang und zweimal kurz, vielfach wiederholt, später kam noch mehr dazu. Ines zog einen Schreibblock aus einer Außentasche des Raumanzugs und notierte die Abfolge der Pulse. Danach kehrten sie auf die Lotosblüte zurück, um Ben nach der Bedeutung des Codes zu fragen. Tatsächlich konnte der Computer das Verschlüsselungssystem erklären: »Dieser historische Code heißt *Morse*. Zwei lange Pulse bedeuten M, zwei kurze I, mit dem Rest des Signals, das du aufgeschrieben hast, ergibt sich MIRKO.«

»Was?« Ines fuhr hoch. »Die Anlage da drinnen kennt diesen Namen?« Das war ein faszinierendes Rätsel, aber auch bedrückend, weil es Ines wieder schmerzlich an den Tod ihres Kameraden erinnerte.

Sancho überlegte: »Wir haben eher nicht mit einem Lebewesen, sondern mit einem Computer kommuniziert. Aber wie kommt er darauf? Aus unserem Funkkontakt kann er nicht auf die Schreibweise geschlossen haben, auch wenn er den alten Code kennen sollte.«

»Kein Computer, es war Mirko selbst!«, warf Zena ein, die bisher nur dumpf vor sich hingebrütet hatte. »Ihr habt mit unserem Freund gesprochen. Er steckt irgendwie dort drinnen, das spüre ich einfach. Einige Fanatiker in der Kybernetenszene haben immer wieder versucht, ein komplettes menschliches Bewusstsein in einen Computer zu transferieren. Soviel ich weiß, ist es noch nie gelungen.« Aufgeregt sprach sie weiter: »Aber vielleicht haben es diese Außerirdischen geschafft. Dann war der blaue Strahl nicht nur eine Waffe, sondern auch ein Scanner. Das heißt, Mirko könnte noch leben! Zumindest seine Seele. Ines, ich möchte hineingehen und mit ihm reden! Ich will es zumindest versuchen.«

Ines dachte nach. Vielleicht war die Idee, dass Mirko als Maschinenintelligenz überlebt hatte, nur das Hirngespinst einer überspannten Kybernetin, gespeist aus irrationalen Hoffnungen. Zena war immer noch durcheinander, ihr Urteilsvermögen war beeinträchtigt. Andererseits wäre das eine gute Erklärung für den Hilferuf und das Signal mit dem Namen. Es gab aber noch eine dritte Möglichkeit.

Ines wandte sich an Zena: »Vielleicht stimmt das mit dem Scanner. Aber das heißt nicht, dass Mirkos Persönlichkeit noch erhalten ist. Es ist auch gut möglich, dass eine fremde Intelligenz die Informationen aus seinem Gehirn gesaugt hat – eine grausige Vorstellung! – und uns jetzt etwas vormacht. Das könnte eine Falle sein.«

»Da muss ich Ines zustimmen.« Sri schaltete sich ins Gespräch ein. »Wir dürfen nicht überstürzt vorgehen. Hier im Sculptor-System haben wir schon genug böse Überraschungen erlebt.«

»Aber wir müssen so oder so noch einmal rein«, erwiderte Sancho. »Wir müssen Technologie für unsere *Lotosblüte* finden.«

Ines bat die anderen zu schweigen, um die Argumente in Ruhe abwägen zu können. Sie musste eine Entscheidung treffen. Mehr als sonst spürte sie, welch schwere Bürde sie als Kommandantin zu tragen hatte.

Schließlich sagte sie: »Gut! Ich werde mit Zena hineingehen und den Kontakt wieder aufnehmen, zu wem auch immer. Ben, bitte lade uns einen Übersetzer für den Morsecode in den Computer des Raumanzugs!«

Zügig hangelten sich Ines und Zena durch die bereits bekannten Gänge. Vor der großen Halle verband Ines die Lampe mit dem Raumanzug, richtete sie in den Raum und startete das Übersetzungsprogramm. Ben hatte gesagt, sie sollten sich kurzfassen, denn das primitive Verschlüsselungssystem erzeugte äußerst zeitraubenden Code.

Zena fragte: »Bist du Mirko?«

Sie warteten, bis die Lampe die Zeichenfolge hineingeblitzt hatte. Nach ein paar Sekunden hörten sie die kurzen und langen Pulse der Antwort in ihren Kopfhörern. Der Anzugscomputer übersetzte und zeigte auf dem Display an Ines' Unterarm Buchstabe für Buchstabe an:

JA MIRKO ABER NICHT NUR

BIST DU INES

Es begann ein langwieriger Dialog. Zena schien recht zu haben. Ihr Gegenüber sagte, er sei ziemlich sicher Mirko, ganz genau könne er das selbst nicht sagen. Zu überwältigend sei die Erkenntnis, ohne eigenen Körper weiterhin zu existieren.

Die entschlüsselten Antworten enthielten Formulierungen und Redensarten, die es wahrscheinlich machten, dass sie es tatsächlich mit Mirko zu tun hatten. Zena war sich bald ganz sicher und brach vor Erleichterung in Tränen aus.

Ines war noch nicht überzeugt. Sie sendete: »Wer garantiert uns, dass wir, wenn wir hineingehen, nicht getötet werden?«

WENN ICH EUCH TOETEN WOLLTE WAERE ES SCHON PASSIERT

ICH HABE DIE STEUERUNG SCHON GUT IM GRIFF

ES IST WIE EIN VR SPIEL DER SONDERKLASSE

SCHAUT IN DEN GANG HINTER EUCH

Zwei Meter hinter Zena und Ines blitzte an der Wand ein Lichtfleck auf, der Funken sprühend und rauchend eine schwarze Stelle hinterließ. Mirko erklärte, solche Fallen gebe es an vielen Stellen. Bald war auch Ines überzeugt, mit Mirko zu kommunizieren, auch sie konnte die Tränen nicht zurückhalten. Das Gefühl war aber zwiespältig, denn der Mirko, den sie gekannt hatten, war für immer verloren. Sein Bewusstsein geisterte nun in einem fremden Computer herum, und es war nicht klar, ob sie ihn mitnehmen konnten.

Wenn sie überhaupt jemals wieder zurückfanden.

Dieser Gedanke veranlasste Ines, ihre Gefühle vorerst hintanzustellen und sich ihrer Verantwortung als Kommandantin zu besinnen. Sie mussten von hier weg. Vielleicht konnte Mirkos Geist ihnen dabei helfen. Trotz der Ungewissheiten würde ihnen wohl nichts anderes übrig bleiben, als ihm zu vertrauen.

So wagten sie sich wieder in die Halle, Sancho und Sri kamen nach. Gemeinsam richteten sie über Zwischenstationen eine Funkstrecke zur *Lotosblüte* ein. Das Endgerät verbanden sie nach Mirkos Anleitung mit der Konsole, an der ihn der Strahl erwischt hatte. Sri musste angesichts der inkompatiblen außerirdischen Anschlüsse wieder einmal viel technisches Geschick beweisen, aber nach einer halben Stunde hatte sie die Verbindung hergestellt. Ben brauchte noch eine Weile, um den Datenstrom zu analysieren und zu entschlüsseln, dann konnten sie endlich auf die zeitraubenden Morsezeichen verzichten und wieder richtig mit Mirko reden, der dank Bens Sprachsynthese sogar mit seiner Originalstimme antwortete.

»Als ich erst einmal durchschaut hatte, was mit mir passiert war, machte ich mich nach und nach mit dem fremden System vertraut«, erzählte er. »Inzwischen konnte ich mich in den Datenbanken schon ein wenig umsehen. Hier war eine kriegerische Spezies am Werk. Diese Halle haben sie eigens für derartige Scans eingerichtet. Die Aliens waren nicht zimperlich, sie haben Gegner gescannt und in den Computer gesperrt, als virtuelle Kriegsgefangene sozusagen, vor allem, um Informationen aus ihnen herauszuquetschen.«

»Und wo sind diese fremden Wesen jetzt?«, fragte Ines.

»Das ist alles schon lang her, der Krieg ist vorbei. Die Erbauer dieser Anlage sind tot oder weg, ihre Feinde ebenso, und in den Computerspeichern ist auch schon vieles verloren oder verfälscht. Wegen so eines Fehlers hat das Einschalten gleich meinen Hirnscan ausgelöst. Die Softwaresysteme auf niedrigerem Komplexitätsniveau sind noch großteils intakt, zum Beispiel die Steuerung für das ganze technische Zeug. Die Geräte selbst sind allerdings fast alle zerstört. Da muss ganz wild gekämpft worden sein.«

Im weiteren Gespräch erklärte Mirko, dass die Datenbank auf vielfältige Fertigungsanlagen hinwies. Die ganze Station was so etwas wie eine Produktionsstätte für militärtechnischen Nachschub gewesen. Nachdem aber die Verbindung zu den meisten Teilen des zerstörten Bauwerks ausgefallen war, wusste Mirko nicht, welche der Maschinen noch funktionierten. Er wollte Sri durch die Gänge lotsen, in der Hoffnung, mittels ihrer Kamerabilder noch etwas Nützliches zu finden.

Doch zuvor besprachen sie, wie sie Mirko auf die *Lotosblüte* bringen könnten. An der Seitenwand, aus der der verhängnisvolle blaue Strahl gekommen war, öffnete Sri auf Mirkos Anweisung hin das Gehäuse und legte einen schlichten, annähernd würfelförmigen Quader von etwa einem Meter Seitenlänge frei, von dem mehrere Leitungsstränge ins Innere der Anlage führten. Ines assistierte und übertrug das Bild ihrer Helmkamera direkt an Ben.

Mirko, der die Bilder auch bekam, staunte: »Aha, so sehe ich jetzt also aus! Darf ich mich vorstellen: Das ist Mirko. Dieses Speichermodul enthält alles, was von mir noch übrig ist, meine Erinnerungen, meine Emotionen, meinen Charakter. Es ist mein Gehirn. Nein, es ist mein neuer Körper. Tja, ich war ja schon vorher keine Schönheit, aber nur so ein Kühlschrank ist auch nicht das Wahre. Nichts für ungut, Ben! Ich habe vergessen, dass du in einer ganz ähnlichen Kiste steckst. Computer haben mich zwar immer schon fasziniert, aber doch nicht so, dass ich selbst je einer sein wollte. Na ja, besser als ganz tot. Sri, vielleicht kannst du mir ja einmal einen Androidenkörper bauen, als Avatar anstelle dieser kantigen Seelenkiste.«

Ines lächelte. Dieser Redeschwall, das war echt Mirko!

Sri antwortete: »Zunächst müssen wir dich auf die *Lotosblüte* bringen. Außer, du willst hierbleiben.«

»Nein, danke! Ich glaube, es ist gar nicht so schwer, den Würfel hier herauszutrennen. Den Plänen nach komme ich ziemlich lang ohne äußere Energieversorgung aus. *Zkf Okrbs*. Oh, das war ein anderes Seelenmodul! Moment, gleich hab ich's! – So, die Signale sind geblockt. An sich sind die Module gut isoliert, aber es läuft nicht mehr alles so, wie es sollte. Anscheinend wollte ein Kriegsgefangener den Kanal über mich zu Ben nutzen, um virtuell auszubüchsen. Das konnte ich verhindern, aber es war ein komisches Gefühl, so als ob eine andere Persönlichkeit plötzlich ein Teil von mir wäre, richtig schizophren. Und irgendwie war da auch viel Aggression und Bösartigkeit zu spüren. Ich wäre froh, wenn ich bald hier weg könnte.«

»Wir tun, was wir können«, sagte Sri und begann, die Zuleitungen einzeln zu lösen. Glücklicherweise musste sie nichts durchschneiden, die Konstrukteure hatten mit Steckverbindungen gearbeitet. Am Anfang wurde Sri noch von Mirko angeleitet, der sich aber bald verabschiedete,

»Wir hören uns auf der *Lotosblüte!*«, rief er noch, bevor der Kontakt zu ihm abbrach. Vorsichtig zog Sri das Modul mit ihren Vorderklauen aus dem Hohlraum. Ines nahm den schwebenden Würfel in Empfang und musste sich überraschend kräftig entgegenstemmen. In der Schwerelosigkeit war das Gewicht nicht zu spüren, sehr wohl aber die Trägheit der enormen Masse. Draußen kam Zena zu Hilfe, zu dritt brachten sie den Klotz auf die *Lotosblüte*, wo Sancho schon einen Platz für den Anschluss an den Bordcomputer vorbereitet hatte. In den nächsten Stunden verband er zusammen mit Sri das außerirdische Modul mit Ben, der die Zuleitungen so konfigurierte, wie es ihm Mirko vor seiner Abtrennung übermittelt hatte.

Endlich war alles fertig, Ben schickte ein Signal zur Kontaktaufnahme in das Modul. Doch dann meldete er: »Alarm! Auf allen Leitungen unkontrollierte Aktivitäten!«

Und nach ein paar weiteren Sekunden: »Keine Signale mehr. Alles tot.«

Aufgeregt fragte Sancho: »Sind die Verbindungen in Ordnung?«

»Alles gecheckt, alles okay. Das Modul selbst sendet nichts.«

»Mirko!«, schrie Zena mit Tränen in den Augen auf. »Wir können ihn doch nicht da drinnen im virtuellen Wachkoma dahinvegetieren lassen! Wir müssen ihn zurückbringen!«

Ines versuchte, möglichst ruhig zu bleiben. »Das ist eine Option. Wenn Mirko in diesem Speichermodul noch am Leben ist, und das hoffe ich sehr, hat er wenigstens drüben in der Station eine Chance, auch wenn er dann nicht mit uns kommen kann. Doch zuerst versuchen wir noch alles Erdenkliche, um auf der *Lotosblüte* Verbindung zu ihm aufzunehmen. Solang wir nichts wissen, sollten wir auch nichts verloren geben.«

Alle hatten sich um das Gerät versammelt und warteten, doch nichts tat sich.

Endlich, nach über zwanzig Minuten, meldete Ben: »Von drinnen kommt Aktivität. Es ist ein Sprachsignal. Ich schalte es durch.«

Die Crew lauschte gespannt. Aus dem Lautsprecher tönte: »*Wzkrwa oknny*.«

25 | Unfreiwilliger Aufenthalt

»Noch ein Sprungpunkt, dann sind wir im Avalon-System«, meldete Grit.

Finn überlegte: »Das heißt, wir durchqueren schon jetzt den Sagittarius-Sektor, vor dem alle so zittern. Bisher ist noch nichts passiert. Wir werden sehen, was da noch auf uns zukommt.« Er hob seine Stimme: »Grit, mach noch einen Scan im Sechzig-Grad-Sektor voraus!«

»Mach ich! Da ist weit und breit kein kümmerlicher Asteroid. – Doch, ich erfasse ein Objekt. Moment, gleich habe ich die Kursdaten.« Nach knapp einer Minute fuhr sie fort: »Das gibt's doch nicht! Das Ding fliegt einen gezielten Annäherungskurs. Es hat sogar ein Korrekturmanöver gemacht. Das ist definitiv ein Raumschiff. Soll ich ausweichen?«

»Nein, wir sehen uns das an. Knut, fahr die Waffensysteme hoch! Ich will nicht als Erstes schießen, aber wir sollten bereit sein.«

Nach einiger Zeit zeigten Radar und Telekameras mehr Details. Das fremde Schiff war kleiner als die *Fenriswolf*, auch der Energieausstoß war gering. Es schien nicht gefährlich zu sein.

Als sie in Funkreichweite waren, kam ein Signal herein: »Wir sind Karrzha, Einheit 49. Identifizieren Sie sich.«

»Handelsschiff *Fenriswolf*«, funkte Finn zurück. »Was wollt ihr?«

»Unsere Sensoren orten starke Bewaffung auf Ihrem Schiff. Das könnte auf mangelnde Kooperationsbereitschaft hindeuten. Halten Sie sich für eine Kontrolle bereit. Wer nicht kooperiert, wird vernichtet.«

»Verstanden! Warten Sie bitte einen Moment, ich muss mich mit meiner Crew beraten.« Er unterbrach kurz die Verbindung.

Knut reagierte aufgebracht: »Was soll denn das heißen? Wer sind die? Wer spielt sich da als Hilfssheriff auf?«

»Das sehen wir vielleicht gleich«, sagte Grit. »Ich bekomme Bilddaten herein.«

»Auf den Schirm!«, befahl Finn.

Der Anblick brachte Knut noch mehr in Rage. »Ameisen!«, schrie er. »Die widerlichen Krabbler pusten wir weg.«

Er richtete die vordere Strahlenkanone aus. Finn bellte ihn an: »Lass den Unsinn! Sie sind kleiner und schwächer als wir, aber sie werden nicht ohne Grund so selbstbewusst auftreten. Die haben sicher noch einen Trumpf im Ärmel.«

»Vielleicht bluffen sie ja auch nur«, wandte Knut ein.

»Kann sein, aber dann sind sie ohnehin nicht gefährlich.«

»Finn, ich glaube, mit dem Trumpf hast du recht.« Grit blickte von ihren Instrumenten auf. »Ich orte noch etwas auf Annäherungskurs. – Heilige Scheiße, das ist riesig!« Sie legte die Sensordaten auf den Hauptschirm. Finn hielt vor Schreck kurz den Atem an, ließ sich aber weiter nichts anmerken. Das neu aufgetauchte Flugobjekt war eine Kugel mit mehreren Kilometern Durchmesser. Er war froh, dass er Knut rechtzeitig zurückgepfiffen hatte. Gegen dieses Riesending hatte auch die gut bewaffnete *Fenriswolf* keine Chance. Sie mussten gute Miene zum bösen Spiel machen.

Die Besatzung sah gespannt zu, wie sich das gewaltige Schiff allmählich näherte, bis es das Fenster komplett ausfüllte und sie direkt anfunkte: »Schwarmschiff 703 ersucht euch, zur Inspektion in unseren Hangar einzufliegen. Einheit 49 wird euch eskortieren.«

Finn antwortete: »Nur eine theoretische Frage: Was passiert, wenn wir uns weigern?«

»Dann gilt mangelnde Kooperationsbereitschaft als erwiesen, und ihr werdet vernichtet.«

»Das hab ich mir fast gedacht. Warum schießt ihr uns nicht gleich ab?«

»Ursprünglich war das unsere Standardvorgehensweise. Aber die Begegnung eines unserer Schwarmschiffe mit einem

Raumschiff der Menschen hat den Beweis erbracht, dass eure Spezies kooperationsfähig ist.«

»Was für ein Raumschiff war das?«

»Es hieß *Lotosblüte*. Sie hatte auch ein insektoides Besatzungsmitglied, das uns überzeugte, nicht die gesamte menschliche Spezies auszulöschen. Dank dieses Kontakts können wir in eurer Sprache kommunizieren.«

Schon wieder die *Lotosblüte!* Finn fragte sich, wer diese Ines war und was für ein Spiel sie spielte. Sie schien auf Kollaboration mit den Insektoiden zu setzen. Im Augenblick sah es so aus, als bliebe auch ihm nichts anderes übrig. Immerhin waren die Ameisenwesen zu Verhandlungen bereit. Finn würde so gut wie alles versprechen, um den übermächtigen Gegner zu beruhigen. Er musste sich später ja nicht daran halten.

Sie wurden in den Hangar gelotst und erst einmal aufgefordert zu warten. Finn starrte missmutig aus dem Fenster in die riesige Halle, in der unzählige Karrzha kreuz und quer liefen. Knut war noch schlechterer Laune als Finn. »So, jetzt sitzen wir mitten im Ameisenhaufen. Das habe ich mir immer schon gewünscht.«

Finn ermahnte ihn: »Halt bloß den Mund, wenn die Inspektoren auftauchen. Wenn du was Falsches sagst, verfüttern sie uns womöglich an ihren Nachwuchs. Du willst sicher nicht von riesigen Maden gefressen werden.«

Nach mehreren Stunden kamen endlich zwei Karrzha an Bord. Sie sahen sich misstrauisch um, vor allem bei den Waffensystemen. Eine von ihnen fragte: »Wozu habt ihr so viele Waffen an Bord? Das sieht sehr nach geplanter Aggression aus. Seid ihr Piraten?«

»Aber nicht doch!«, antwortete Finn freundlich. »Wir sind Händler. Die Waffen brauchen wir nur, um uns und unsere Ware zu schützen. Schließlich treiben sich in der Galaxie viele Piraten herum.«

»Wenn ihr Händler seid, wo ist dann eure Ware?«

»Wir wollen auf Avalon neue Fracht an Bord nehmen. Manche technischen Artikel bekommt man nur dort. Die können wir dann gewinnbringend auf anderen Planeten verkaufen.«

»Diese Art des Wirtschaftens ist uns fremd, wir produzieren und konsumieren im Kollektiv«, sagte die andere Karrzha. »Wir wissen, dass es bei euch Menschen so läuft. Aber eure Bewaffnung ist für ein Handelsschiff eindeutig überdimensioniert. Wir schätzen vor allem die beiden Strahlenkanonen mit großer Reichweite, die ihr an Bug und Heck montiert habt, als reine Angriffswaffen ein. Wir werden sie unbrauchbar machen.«

»Was ...?«, rief Knut und wollte schon aufspringen, aber Finn legte ihm eine Hand auf die Schulter, worauf sich der Erste Offizier zähneknirschend ruhig verhielt. Dabei brachte die Situation auch Finn an die Grenzen seiner Selbstbeherrschung. Ohnmächtig musste er mit ansehen, wie seine beiden besten Geschütze unter massivem Strahlenbeschuss aufglühten und zu formlosen Metallklumpen zusammenschmolzen.

Die Karrzha kommentierten in nervtötender Sachlichkeit: »Nachdem wir jetzt eure Bewaffnung als akzeptabel ansehen, werden wir vorerst von einer Zerstörung eures Schiffes absehen. Solange ihr die Waffen nur defensiv einsetzt, seid ihr sicher. Aber falls ihr sie für eigennützige Aggression missbraucht, werden wir euch auslöschen.«

Ohne weitere Worte verließen sie das Schiff.

»Ich wünsche euch auch einen schönen Tag!«, knurrte Knut ihnen nach, als sie draußen waren. Die Karrzha kündigten über Funk an, dass die *Fenriswolf* noch warten müsse, bis das Schwarmschiff seinen Dimensionssprung beendet habe. Diese Meldung gefiel Finn gar nicht. Sie hatten durch die Inspektion ohnehin schon Zeit verloren. Wenn die Ameisen sie jetzt auch noch in die falsche Richtung verschleppten, könnte ihm die *Lotosblüte* durch die Lappen gehen.

Nach weiteren quälend langen Stunden öffnete sich endlich das Hangartor, und die *Fenriswolf* erhielt die Erlaubnis zum Abflug.

Erleichtert sagte Finn: »Grit, geh gleich auf sichere Entfernung, bevor sie es sich noch anders überlegen.«

»Okay, mach ich. – Heilige Scheiße!«

»Was ist?«

»Ich habe jetzt die Positionsdaten. Wir sind zwar noch in der Sagittarius-Region, aber die Biester haben uns zwölf Tagesreisen vom nächsten Sprungpunkt ausgesetzt.«

»Verfluchte Kakerlaken! Wir können nur hoffen, dass sich die *Lotosblüte* auf Avalon viel Zeit lässt. Grit, lass die Triebwerke glühen! Wir haben einen gewaltigen Rückstand aufzuholen.«

26 | Wiederherstellung

»Ben! Ben? Bist du es? Gut! Die Verbindung steht. Endlich nicht mehr allein mit diesem inneren Schweinehund. Da hat sich tatsächlich ein kleiner Splitter eines anderen Bewusstseins in mein Seelenmodul eingeschlichen. Ich habe es jetzt einigermaßen unter Kontrolle. Ben, kannst du mir dabei helfen?«

Erleichtert vernahm Sri Mirkos Stimme, er schien wieder er selbst zu sein. Auch die Gesichter der anderen entspannten sich. Sri hatte sich schon bereit gemacht, Mirkos Modul wieder abzutrennen, um der Übernahme des Bordcomputers durch eine fremde Macht zuvorzukommen.

Ben antwortete: »Ein wenig Geduld, Mirko. Die Analyse deines Speichermoduls ist nicht einfach. Es handelt sich um einen assoziativen Quantenspeicher, dessen Struktur sich von allem, was ich kenne, grundsätzlich unterscheidet. Die fremden Anteile lassen sich nicht so einfach isolieren, dafür sind alle Teile viel zu stark miteinander vernetzt. Direkter Zugriff auf einzelne Bereiche würde dein Bewusstsein irreversibel auslöschen.«

»Also töten«, ergänzte Zena. »Mit klassischer Programmiererei ist auf dieser Komplexitätsstufe nichts zu machen. Mirko, mit diesem inneren Feind wirst du auf psychischer Ebene fertig werden müssen, so wie wir alle mit unseren destruktiven Persönlichkeitsanteilen.« Sie wurde lauter. »Nimm den Kampf auf, konzentriere dich auf die Kraft deines Ichs! Du hast so wunderbare Eigenschaften, so viel Idealismus, so viel Humor, so viel Begeisterungsfähigkeit! Damit solltest du doch stärker sein als dieser lästige fremde Seelenkrümel!«

Sri war überrascht, wie eindringlich Zena auf Mirko einredete, auch die anderen sahen die junge Kybernetin erstaunt an. Ihre und Bens gemeinsame Bemühungen schienen aber erfolgreich zu sein, Mirko antwortete entspannt: »Danke für die Hilfe! Zena, es tut gut, dass du mich jetzt, wo ich in einer Maschine gefangen bin, an meine menschlichen Seiten erinnerst. Mit Ben beginne ich mich immer stärker zu verflechten, ich kann gar nicht mehr sagen, wo ich aufhöre und er anfängt. Langsam entsteht eine neue Person, ein Mirko-Ben oder ein Ben-Mirko. Es ist nicht einfach, innerlich geht es dabei drunter und drüber. Aber das, was da herauskommt, wird was Gutes sein. Und diese Fusion ist die einzige Chance, die Kontaminierung meiner Seele unter Kontrolle zu halten.«

Seine Stimme lag inzwischen irgendwo zwischen Mirko und Ben. Sri überlegte gerade, wie sie ihn nennen sollte, als er sich direkt an sie wandte: »Sri, ich glaube, jetzt bist du dran, mit deinem technischen Geschick. Ihr habt mich auf die *Lotosblüte* zurückgebracht, die Besatzung ist wieder komplett. Jetzt können wir an die Arbeit gehen. Machen wir uns gemeinsam an die Reparatur unseres Raumschiffs!«

Das ließ sich Sri nicht zweimal sagen. Lebenswichtige und zugleich faszinierende technische Herausforderungen warteten auf sie, dafür nahm sie den unbequemen Raumanzug gern in Kauf. Von Mirko angeleitet, drang sie in bisher unerforschte Räume der fremden Station vor und konnte auch einige brauchbare Ersatzteile bergen. Die Ausbeute war anfangs aber enttäuschend.

Erst tief im Inneren des riesigen Gebildes, wo die Zerstörungen nicht so schlimm waren, stießen sie auf eine Werkshalle, in deren Mitte ein über zwanzig Meter langes technisches Monstrum stand, eine Maschine mit zahlreichen Auswüchsen, Vertiefungen und Zuleitungen, auf die sich Sri keinen Reim machen konnte. Auch Sancho, der schon Erfahrung mit der Technologie vieler Planeten hatte, schüttelte nur ratlos den Kopf.

Mirko aber, der ihren Weg mit den Helmkameras mitverfolgte, rief begeistert aus: »Wunderbar! Ich hätte nicht gedacht, dass diese Anlage noch steht!«

»Was ist denn das?«, fragte Sri.

»Laut den gespeicherten Daten eine Art Replikator oder ein 3-D-Drucker. Damit kann man nach digitalen Plänen ziemlich große Werkstücke beliebiger Form herstellen. Das ist genau das, was wir für unsere angeschlagene *Lotosblüte* brauchen. Wenn wir die Maschine zum Laufen bringen, können wir die kaputten Triebwerksteile im Handumdrehen ersetzen.«

»Das wäre wunderbar«, erwiderte Sri. »Aber was hilft uns ein funktionierendes Triebwerk ohne Treibstoff?«

»Dazu muss ich euch in den Nebenraum bitten«, erklärte Mirko mit schalkhafter Stimme. Durch ein weites Portal erreichten Sri und Sancho eine zweite Halle. Sie war etwa gleich groß wie die Erste, nur die Einbauten sahen völlig anders aus. Ihr Zweck war diesmal leichter zu erraten. Die Tanks, Rohrverbindungen und Ventile deuteten auf chemische Fertigung hin. Mirko bestätigte die Vermutung. Mit diesem Gerät könne eine enorme Vielfalt von Substanzen synthetisiert werden.

Leider ließen sich die beiden Anlagen nicht ohne Weiteres hochfahren. Sri stellte ein paar Risse und Lecks fest, die sie gleich abdichtete, aber das Hauptproblem war die Energieversorgung, die auf der desolaten Station nur mehr in kümmerlichen Resten vorhanden war. Sie mussten Leitungen von der *Lotosblüte* hereinlegen, deren Reaktor glücklicherweise noch voll funktionierte. Nach mehreren Fehlversuchen und langwierigen Anpassungen an die Alientechnik gelang es Sri, die erste Maschine hochzufahren. Für die Programmierung klinkte Mirko-Ben sich ein, nachdem Sri eine direkte Datenverbindung zwischen der Maschine und dem Computersystem der *Lotosblüte* hergestellt hatte. Es bedurfte einiger Experimente, bis das Formen der Ersatzteile mit der richtigen Werkstoffzusammensetzung gelang, dann aber konnten sie zügig die benötigten Stücke fertigen.

Beim Synthetisieren des Treibstoffs brauchten sie viel länger. Die andere Anlage war äußerst schwer in den Griff zu bekommen, Sris Versuche schlugen anfangs alle fehl. Chemie war nicht ihre Spezialität, auch Sancho verfügte nur über minimales Grundwissen. Sie musste sich vieles von Mirko erklären lassen, der das Know-how aus der Verschmelzung mit Bens Datenbanken erworben hatte, ergänzt durch gespeichertes Alienwissen. Mit vereinten Kräften konnten sie schließlich ausreichend Treibstoff für die frisch reparierten Tanks der *Lotosblüte* erzeugen.

Bis alle Blessuren ihres schwer beschädigten Raumschiffs entdeckt und repariert waren, vergingen noch weitere Wochen, in denen Sri, unterstützt von den anderen, von früh bis spät schuftete. Am Ende war sie völlig erschöpft, aber glücklich. Beim Arbeiten mit technischen Geräten war sie in ihrem Element.

Vor dem Abflug entdeckten sie unweit der beiden Fertigungshallen noch einen kleineren 3-D-Drucker, den sie abbauten und mitnahmen. Er erwies sich von den Materialien her als vielseitiger und konnte die chemische Zusammensetzung eines gescannten Originals reproduzieren. Noch während des Rückflugs zum Sprungpunkt probierten sie das Gerät aus. Einige wichtige Medikamente ließen sich gut kopieren. Versuche mit Nahrungsmitteln verliefen nicht so erfolgreich, die Ergebnisse waren unansehnlich und in einigen Fällen sogar giftig. Das Replizieren von Synchronit gelang überhaupt nicht. Das war im Moment aber nicht so schlimm, denn sie hatten ja noch mehr als genug. Dem Rücksprung in die Heimat stand nichts mehr im Wege.

27 | Rückblick: Mirko, Ben und wer auch immer

Mirkos seelische Achterbahnfahrt war noch nicht zu Ende. Es hatte mit blanker Todesangst begonnen, er hatte das Gefühl gehabt, sein Hirn würde gebraten. Dann hatte er sich im Nichts wiedergefunden. Zwar konnte er denken, aber das war schon alles. Keine Sinneswahrnehmungen, nur Dunkelheit und Stille, auch kein Körpergefühl, weder Atmung noch Herzschlag. Es gab also ein Leben nach dem Tod, aber das schien äußerst langweilig zu sein.

Nach und nach formte sich vor Mirkos innerem Auge ein Bild seines neuen Zustands. Ohne zu wissen, wie und warum, erkannte er, dass er inzwischen im Computerspeicher der fremden Station steckte. Willensentscheidungen genügten, um unterschiedliche Einheiten des außerirdischen Systems zu erforschen. Er entdeckte in seiner virtuellen Welt eine Art Portal und versuchte, es zu öffnen. Sofort überschwemmten ihn starke, aggressive Impulse. Es fühlte sich *krnaw ashi* an, was auch immer das zu bedeuten hatte. Hastig brach er die Softwarebrücke wieder ab. Später wurde ihm klar, dass er das gespeicherte Bewusstsein einer anderen Lebensform gefunden hatte, von der ein kleiner Teil in sein eigenes Ich eingesickert war. Es bedurfte großer Konzentration, diesem fremden, bösartigen Geist Grenzen zu setzen.

Allmählich lernte Mirko, Informationen von den Sensoren der Alienstation auszuwerten. Die Netzwerkverbindungen waren weitgehend zerstört, er stieß immer wieder auf blind endende Übertragungsbahnen. Ein paar Kameras waren noch intakt, allmählich formte sich der Datenstrom zu visuellen Eindrücken, und Mirko lernte wieder, zu sehen. So erblickte er die Halle, in der sein Bewusstsein abgesaugt worden war, aus ungewohnter Perspektive.

Im Eingang erschienen Menschen in vertrauten Raumanzügen. Mirko hatte einen noch funktionstüchtigen Sender für elektromagnetische Wellen ausfindig gemacht, schaffte es aber nicht, ein Sprachsignal abzusetzen. Er konnte nur ein Rauschen auf einem breiten Frequenzband erzeugen und sendete SOS, die bekannteste Zeichenfolge des altertümlichen Morsealphabets. Er selbst hatte den vollständigen Code vor Jahren für ein Computerspiel gelernt, das in einer längst vergangenen Welt voller Dampfmaschinen und Luftschiffe angesiedelt war.

Seine Freunde schienen das Signal verstanden zu haben. Sie schickten ihm Lichtsignale, kurz darauf sogar richtige Morsezeichen. Sicher hatte Ben bei der Übersetzung seine Hand im Spiel. Endlich konnte er wieder kommunizieren. Das eröffnete die Chance, diesem digitalen Gefängnis zu entkommen und zumindest als Computerwesen auf die *Lotosblüte* zurückzukehren.

Doch dazu mussten zunächst die bisherigen Verbindungen gekappt werden. Sri und die anderen gingen dabei zwar technisch korrekt vor, lösten aber den nächsten Schock aus. Sein Ich war plötzlich vom Rest der Welt abgeschnitten, was auch der fremden Präsenz in seiner Seele wieder mehr Kraft gab.

Er drohte schon fast, an diesem schweren inneren Kampf zu verzweifeln, als endlich Hilfe nahte. Er fühlte Verbindung zu einer Intelligenz, die zwar einfach gebaut war, aber starke positive und menschenfreundliche Werte vertrat. Es war Ben. Gierig öffnete er der vertrauten Maschinenintelligenz alle Schleusen, vielleicht ein wenig zu hastig, denn wieder war die Integrität seiner Persönlichkeit in Gefahr. Der ehemalige Mensch und die künstliche Intelligenz verschmolzen zu einem Mischwesen. Bei diesem Prozess musste er sorgfältig vorgehen, um sich nicht völlig zu verlieren. Immerhin konnte er dabei auf die Freundschaft des Bordcomputers vertrauen.

Im System der *Lotosblüte*, das er gut kannte und zu einem guten Teil mitgestaltet hatte, fühlte sich Mirko wesentlich wohler als auf der beschädigten Raumstation, wo alles so fremdartig war, sofern es überhaupt funktionierte. Zudem hatte er dort mit der Angst leben müssen, von einem fremden, feindlichen Bewusstsein übernommen zu werden. Das war hier ganz anders. Er hatte die volle Kontrolle, es war richtiggehend *wlasspa*. Und er kannte sich mit dem System besser aus als Ines oder Sri, die offiziell das Kommando innehatten. Er malte sich aus, wie es ihm an Bens Stelle ergangen wäre. Allzu oft hätte er genau gewusst, was zu tun gewesen wäre. Aber nein! Die einprogrammierte Loyalität hätte ihn gezwungen, auf ein Kommando zu warten. Es wäre doch wesentlich effizienter, wenn der Kommandoposten und der Schiffscomputer unmittelbar miteinander vernetzt oder sogar identisch wären. Das heißt, er selbst, Ben oder inzwischen der Mirko-Ben-Hybrid, sollte das Kommando über die *Lotosblüte* haben. Er musste Ines und Sri diesen Vorschlag unbedingt unterbreiten. Oder, noch besser, er würde sie einfach darüber informieren. Nachdem er alles kontrollierte, konnten sie ohnehin nichts dagegen unternehmen. Ab jetzt würden sie ihn bei Entscheidungen fragen müssen.

Aber war das nicht Meuterei? Bens Wertesystem, das jetzt auch Teil von Mirkos ethischer Grundlage war, meldete sich zu Wort. Andererseits hatte er, also sein Mirko-Ich, Ben vor einem Verlust dieser Werteparameter bewahrt, als er Harrys Softwarevirus unschädlich gemacht hatte. Damit hatte er doch das Recht, die Prioritäten im Sinne besserer Schiffsführung zu ändern. Er hatte als Computersystem die *wrozz* Verantwortung für das Raumschiff, und er musste den Mut aufbringen, diese auch wahrzunehmen.

So meldete er sich mit seiner neuen, aus Mirko und Ben gemischten Stimme auf der Brücke: »Hier spricht Mirko. Ich habe beschlossen, auf der *Lotosblüte* das *Zabrwo* zu übernehmen,«

»Das was?«, fragte Ines entgeistert.

»Das *Zabrwo*, das Kommando. Das Schiff kann am effizientesten geführt werden, wenn Kommanandant und Bordcomputer identisch sind. Ihr braucht nichts zu befürchten, ich habe nicht vor, jemanden zu verletzen, auch dann nicht, wenn ihr euch meinen Befehlen widersetzt. Ich werde die entsprechenden Manöver einfach ausführen. Außerdem werde ich, wie es sich für einen guten Kommandanten gehört, alle Entscheidungen mit euch absprechen.«

Die Besatzungsmitglieder waren zu überrascht, um zu antworten, also sprach Mirko weiter: »Sri, du brauchst nicht zu versuchen, die Notfalldeaktivierung des Bordcomputers zu betätigen. Ich kenne diesen Schalter, und ich habe ihn bereits überbrückt.«

Jetzt fragte Sancho nach: »Soll das heißen, du bist unser neuer Kommandant?«

»So ist es.«

28 | Krankenstation

»Das ist schon der fünfte Fall seit vorgestern«, meinte Istra besorgt. »Schnell, holt die Ärztin!«

»Ich bin schon da! Ist es wieder das Gleiche?«

Ihr Patient bot einen traurigen Anblick. Er konnte sich kaum auf seinen sechs Beinen halten, als er sich hereinschleppte. Seine Fühler hingen schlaff auf den Boden. Sobald er das hastig vorbereitete zusätzliche Krankenlager erreicht hatte, ließ er sich erschöpft nieder.

Istra assistierte der Ärztin bei der Untersuchung und bei der Blutabnahme. Er hatte in seiner Sklavenzeit als Sanitätsgehilfe gearbeitet und sich dabei umfassende medizinische Kenntnisse erarbeitet. Die Ärztin bezog ihre Informationen über insektoide Physiologie und Biochemie hauptsächlich aus den alten Datenbanken der Menschen. Ihre kleine Krankenstation litt aber an einem ständigen Mangel an Medikamenten und medizinischer Ausrüstung.

Immerhin verfügten sie über einfache Mikroskope und Analysegeräte, mit denen Istra nun das Blut untersuchte, während die Ärztin sich weiter um den Patienten kümmerte. Endlich zeichnete sich eine Erklärung für die Ursache der rätselhaften Erkrankung ab. Er hatte im Blut aller Patienten seltsame Körnchen gefunden, gerade ein paar Mikrometer groß, die weder wie Staubteilchen noch wie Bakterien aussahen. Istra erinnerte sich vage an Bilder von Pilzsporen, konnte die neu entdeckten Partikel aber nicht direkt damit vergleichen, weil es auf Neuirland keine Bücher oder Datenbanken zu diesem Thema gab.

Inzwischen war ihr neuer Schützling eingeschlafen. Die Ärztin hatte Zeit, sich die Mikroskopbilder anzusehen. Auch sie vermutete, dass es sich um eine Art Sporen handelte. Gemeinsam extrahierten sie die Teilchen, bis sie genug für eine Analyse hatten. Die unbekannten Sporen bestanden aus organischem Material, das die beiden Insektoiden aber keinen bekannten Lebewesen zuordnen konnten, obwohl sie im biochemischen Bereich über gute Daten verfügten.

Die Ärztin wunderte sich: »Das müssten Alien-Lebensformen sein!« Nach kurzer Pause ergänzte sie: »Aber natürlich!«

»Die Karrzha!«, rief sie im Chor mit Istra, der weiter erklärte: »Sie ziehen ja auf dem Nordkontinent ihr eigenes Ökosystem hoch. Dafür verteilen sie die Sporen ihrer mitgebrachten Pflanzen oder Pilze, und der herbstliche Nordwind hat ein paar davon bis zu uns geweht.«

»Und hier«, fuhr die Ärztin fort, »treffen sie auf Lebewesen, deren Immunsystem nie Gelegenheit hatte, sich auf sie einzustellen. Auf uns.«

»Ja«, bestätige Istra. »Schöne Scheiße!«

In den folgenden Tagen mussten sie noch mehr als zwanzig Erkrankte versorgen. Die Infektion erwies sich glücklicherweise als nicht lebensgefährlich und konnte mit Medikamenten einigermaßen stabilisiert werden, aber die Betroffenen waren geschwächt und klagten über starke Schmerzen. Rasche Heilung war nicht in Sicht. Eilig wurde eine Ratsversammlung einberufen. Ein Abgeordneter aus dem Nordteil ihres Siedlungsgebietes rief aufgebracht: »Diese verfluchten Ameisen! Wir haben sie nicht hergebeten. Sie sollen wieder verschwinden!«

Istra, der derzeit Ratsvorsitzender war, entgegnete ruhig: »Du kannst gern zu ihnen gehen und sie bitten, sich einen anderen Platz zu suchen. Aber das wird nichts helfen, sie sind uns hoffnungslos überlegen. Wir teilen jetzt den Planeten mit ihnen, damit werden wir wohl leben müssen.«

»Oder sterben?«, fragte der Abgeordnete zurück.

Die Ärztin meldete sich zu Wort: »So weit muss es nicht kommen. Noch sind keine Todesfälle zu beklagen. Und wir arbeiten schon an der Entwicklung von Antikörpern gegen die Sporen. Mit unseren kümmerlichen Geräten könnte es aber noch einige Zeit dauern, bis wir die fremde Biochemie in den Griff bekommen.«

Istra sagte: »Vielleicht sind wir gar nicht nur auf unsere eigene Technologie angewiesen. Sollen uns doch die Karrzha helfen! Sie haben uns diesen Schlamassel schließlich eingebrockt, und sie haben immer wieder auf ihre Kooperationsbereitschaft hingewiesen. Fragen wir sie einfach! Mehr als Nein sagen können sie ohnehin nicht.«

Ein Ratsbeschluss war rasch gefasst, Istra funkte das Mutterschiff der Karrzha an. Sie versprachen, ein Expertenteam zu schicken, um bei der Entwicklung eines Heilmittels zu helfen.

Einige Stunden später landete eine Flugeinheit der Ameisenwesen nahe der Krankenstation. In Zusammenarbeit mit Istra, der Ärztin und anderen fachkundigen Heuschrecken konnten sie binnen weniger Tage ein Gegenmittel entwickeln, das auch als Impfstoff anwendbar war. Sie versprachen, im Schwarmschiff eine genügende Menge für eine flächendeckende Durchimpfung zumindest in den nördlichen Landesteilen herzustellen.

»Habt ihr so große chemische Labors?«, fragte Istra. »Oder sogar richtige Fabriken?«

»Nicht in der Form, wie wir es bei euch gesehen haben«, antwortete eine der Karrzha. »Wir arbeiten vor allem mit biotechnischen Anlagen. Wir züchten ohnehin seit eh und je Pilze, die uns als Nahrung dienen. Das haben unsere Vorfahren schon instinktiv so gemacht. Inzwischen haben wir gelernt, den Stoffwechsel unserer Nahrungspilze so zu manipulieren, dass sie fast alle gewünschten Substanzen erzeugen. Wir brauchen dann nur noch zu ernten.«

Eine andere Karrzha sagte: »Wir wollen uns für die Unannehmlichkeiten entschuldigen. Wir können aber versichern, dass diese Gefahr vorüber ist. Um die mitgebrachten Organismen auf diesem Planeten auszubringen, mussten wir kurzfristig sehr große Sporenmengen freisetzen. Das war ein einmaliger, begrenzter Vorgang. Die natürliche Sporenentwicklung in einer bereits etablierten Lebensgemeinschaft ist wesentlich geringer.«

Istra wandte ein: »Trotzdem könnten aus unserer inkompatiblen Biologie auch in Zukunft Probleme entstehen, die wir uns jetzt noch gar nicht vorstellen können, etwa im Meer. Wir sollten an der Nordküste eine gemeinsame, ständig besetzte Überwachungs- und Forschungsstation einrichten, wo wir künftige Gefährdungen, auch für euch, untersuchen und bei Bedarf bekämpfen können.«

»Das ist eine gute Idee«, antwortete die dritte Karrzha. »Ich bin überzeugt, unser Kollektiv wird diesem Plan zustimmen.«

29 | Ein wichtiges Gespräch

»Ich wette, Ines hat dich vorgeschickt. Du sollst den größenwahnsinnigen Mirko zur Vernunft bringen.«

»Nein«, antwortete Zena. »Ich habe mich selbst vorgeschickt. Und zur Vernunft muss ich dich auch nicht mehr bringen. Immerhin bist du inzwischen ein Computer, und vernünftiger geht's ja wohl nicht.«

»Richtig! Meine Entscheidung, das Kommando zu übernehmen, beruht auf rationalen Überlegungen.«

»Bei diesen kann und will ich dir gar nicht widersprechen. Ich behaupte aber, dass du zwar aus guten Gründen, aber am Ende nicht nur rational entschieden hat. In diesem Computer steckt ja auch noch Mirko und dazu noch jemand. Dieser Jemand hört sich so an, als wäre er früher ein Krieger, ein Fürst oder ein König gewesen. Und er hat dich mehr unter Kontrolle, als du zugibst. Mehr, als du dir vielleicht selber eingestehst.«

»Das stimmt nicht!« Mirkos Computerstimme wurde heftig. »Was du als Jemand bezeichnest, ist keine fremde Macht, die mich kontrolliert. Es ist inzwischen ein Teil von mir. Wie du richtig erkannt hast, war dieses Wesen früher gewohnt, zu befehlen und zu herrschen. Und zu töten. Ohne den Mirko-Anteil und ohne Bens Ethikprogrammierung hätte ich die unberechenbaren Lebewesen auf der *Lotosblüte* längst eliminiert.«

»Da war mir der alte Mirko schon lieber.«

»Ach, Zena, du hast ja keine Ahnung! Der alte Mirko war ein Weichei. Wie oft habe ich mir mehr Entschlusskraft und Durchsetzungsfähigkeit gewünscht! Während meiner Kinder- und Jugendjahre haben die anderen mir die Show gestohlen, haben Entscheidungen getroffen und hatten Erfolg bei den Mädchen. Und ich? Ich habe mich in meinem Computer verkrochen. Durch den Unfall habe ich zwar meinen Körper verloren, aber auch etwas dazubekommen. Ich bin ein anderer geworden. Jetzt bin ich für den Kommandanten der *Lotosblüte* am besten geeignet.«

Zena zögerte. Dieses Gespräch könnte von entscheidender Bedeutung für dieses Raumschiff und seine Besatzung sein. Sie musste also genau überlegen, was sie sagte. Ach was! Sicherlich war es am besten, ganz spontan und ohne viel Abwägen zu reagieren. So war sie, und so würde sie Mirko auch am besten erreichen.

Deshalb redete sie einfach weiter: »Es sieht so aus, als hättest du doch mehr verloren als deinen Körper. Ich vermisse deine Lockerheit, deinen Humor. Das meine ich mit dem alten Mirko.«

»Da hast du recht.« Offenbar hatte sie einen wunden Punkt getroffen. »Diese Seite war mir immer wichtig. Aber ich werde sie in Zukunft nicht mehr so sehr ausleben können. Ich habe jetzt viel mehr Macht! Das ist eine Tatsache, ganz gleich, ob ich das Kommando übernehme oder nicht. Und diese Macht bedeutet auch mehr Verantwortung.«

»Aber das muss doch nicht sein! Lass Ines das Kommando, dann hätte der lockere, lässige Mirko wieder mehr Platz. Du sollst den strengen Krieger auch gar nicht verdrängen oder hinauswerfen, der kann dir und uns allen in brenzligen Situationen sehr nützlich sein. Ein Bordcomputer als Kommandant ist sicher sehr effizient, aber wahrscheinlich auch langweilig. Die unvollkommenen Menschen mitsamt Heuschrecke machen den Dienst auf diesem Raumschiff einfach spannend und interessant, auch – und gerade – wenn die Entscheidungen nicht ganz rational zustande kommen. Du als Maschinenintelligenz bist dann ein guter Gegenpol dazu, damit die unvernünftigen Lebewesen nicht allzu viel Unsinn machen. Und du als Mirko kannst ja auch bei dem einen oder anderen Unsinn mitmachen und deinen Spaß daran haben.«

Nach kurzer Pause antwortete Mirko: »Ich habe lange nachgedacht. Für dich waren das ein paar Sekunden, für mein Computerhirn war es so, als hätte ich mehrere Nächte darüber geschlafen. Zena, was du da sagst, ist gar nicht dumm. Noch wichtiger ist aber, dass gerade du es gesagt hat, denn ich habe dich immer sehr gemocht und konnte dir zu hundert Prozent vertrauen. Daran hat sich nichts geändert. Bei jedem anderen hätte ich die Argumente als Manipulationsversuch abgetan.«

Zena atmete auf. Das klang wieder ganz nach Mirko, wie sie ihn gekannt hatte.

Er fuhr fort: »Ines, ich sehe, dass du auch da bist, und ich gehe davon aus, dass du alles mitgehört hast.«

Die Angesprochene bejahte.

»Gut«, sagte Mirko. »Ines, wir müssen reden.«

30 | Gruppe 42

Sancho war beeindruckt. In Zena steckte doch mehr als die unreife Jugendliche, für die er sie bislang gehalten hatte. Im

Gespräch mit Mirko hatte sie, offenbar ohne bewusste Planung, ihre natürliche Unbefangenheit ganz genial dafür eingesetzt, die größenwahnsinnige Hybridpersönlichkeit wieder in vernünftige und vor allem menschliche Bahnen zu lenken. Mirko hatte nach längerem Verhandeln über seine Rechte und Pflichten Ines als Kommandantin anerkannt. Sancho war nicht ganz sicher, ob dieses Einlenken halten würde, mit einem gewissen Restrisiko würden sie wohl leben müssen. Mirkos Persönlichkeit hatte einen herrschsüchtigen und schwer zähmbaren Charakterzug hinzubekommen.

Inzwischen hatten sie mit der runderneuerten *Lotosblüte* den Rücksprung ins Milchstraßensystem problemlos geschafft und waren unterwegs nach Avalon. Sancho hatte mit Ines vereinbart, nach ihren Abenteuern mit den Karrzha und im Sculptor-Sternsystem die ursprünglich geplante Route wieder aufzunehmen. Sein Ziel auf Avalon war die *Gruppe 42*, eine verschworene, ordensähnliche Gemeinschaft unabhängiger Techniker, die sich auf diesem abgelegenen Planeten angesiedelt hatte, um sich der Kontrolle durch Mafiasippen und andere Mächte zu entziehen. Seit sich sein langjähriger Freund Jakob der Gruppe angeschlossen hatte, kontaktierte Sancho sie dann und wann. Er versorgte sie mit Bauteilen und erwarb immer wieder einige ihrer genialen Produkte.

Die letzten zwei Sprünge brachten sie in unmittelbare Nähe des Planeten Avalon. Er war nach dem Austritt aus dem Portal als heller Lichtpunkt sichtbar, der beim Anflug rasch größer wurde. Die riesigen weißen Polkappen, die bis tief in die mittleren Breiten reichten, machten ihn unverkennbar. Trotz jahrhundertelanger Terraformingversuche war es auf Avalon kalt und unwirtlich geblieben, große Teile der Oberfläche waren vergletschert. Es gab keine Hauptstadt, zumindest nicht offiziell. Im politischen System Avalons, das auf Demokratie, Gleichberechtigung und Dezentralisierung beruhte, sahen sich alle Städte und Regionalverwaltungen als Mitglieder einer freiwilligen Föderation.

Die größte Stadt, die mehr als zwei Drittel der Einwohner des dünn besiedelten Eisplaneten beherbergte, lag ziemlich genau auf dem Äquator. Dort landeten auch die Shuttles vom orbitalen Raumhafen, wo die *Lotosblüte* angelegt hatte. Sri hatte Sancho begleiten wollen, die Bruderschaft hatte das aber abgelehnt, sie akzeptierte nur ihn selbst, weil sich Jakob für ihn verbürgte. Deshalb war Sri mit Zena an Bord geblieben. Ines war mit dem öffentlichen Shuttle mitgeflogen, blieb aber in der Stadt, um dort Vorräte einzukaufen.

Jakob holte Sancho direkt auf dem Raumhafen ab, und sie fuhren mit der Rohrbahn bis zum Stadtrand. Dort mussten sie umsteigen, denn die Technikerkolonie war nur über gletscherfähige Raupenfahrzeuge erreichbar. Sancho fragte Jakob, wieso sie keine Fluggeräte einsetzten. Er zeigte nur aus dem Fenster. Das einsetzende stürmische Schneetreiben war Antwort genug.

Das Fahrzeug kämpfte sich durch Schnee und Eis. Tückische Spalten durchzogen das unwegsame Gelände. Jakob musste immer wieder den Autopiloten ausschalten und selbst steuern, trotzdem wurden sie viele Male kräftig durchgerüttelt. Jakob steckte das locker weg und plauderte munter weiter. Sancho hingegen hatte alle Hände voll zu tun, um sich in dem wilden Geschaukel festzuhalten.

Dazwischen ging es über lange Strecken ruhig und eintönig dahin. Das Gespräch verebbte, und Sancho starrte aus dem Fenster. Draußen war aber nichts zu sehen als monotones Weiß.

Nach stundenlanger Fahrt änderte sich endlich das Bild. In den kurzen Momenten, in denen Schneegestöber und Nebel die Sicht freigaben, erkannte Sancho eine dunkle Felswand inmitten der Einöde. Jakob identifizierte sich, ein vorher nicht erkennbares Tor schwenkte auf und schloss sich hinter ihnen sofort wieder.

Ein Aufzug führte sie tief in das Felsmassiv hinunter. Hier lebten und arbeiteten die Gemeinschaftsmitglieder, die sich mit »Bruder« und »Schwester« ansprachen. Sancho war das erste Mal hier, bisher hatte er seine Geschäfte mit der Gruppe in der Stadt abgewickelt. Er dankte für die Ehre, als Nichtmitglied anwesend sein zu dürfen, und kam bald mit einem kleinen Team ins Gespräch, das einen hochempfindlichen und handlichen Scanner für die Plasmaleitungen auf Raumschiffen entwickelt hatte. Sancho packte gleich mehrere Exemplare ein und bezahlte mit Synchronit, das auch hier als stabile Währung geschätzt wurde. Für ein paar einfachere Geräte erwarb er digitale Konstruktionspläne, die er dann zu Hause in seinen Fertigungscomputer eingeben würde.

Nachdem ihn seine Gastgeber noch großzügig bewirtet hatten, verabschiedete er sich von der eigenbrötlerischen, aber freundlichen Gemeinschaft, auch von Jakob, denn beim Rückweg nahm ihn Schwester Birgit mit, eine Nanotechnikerin, die noch in der Stadt zu tun hatte.

Ines hatte in der Zwischenzeit ihre Einkäufe erledigt. Mit einem gut gefüllten Gepäckmodul kehrten sie in den Orbit zurück.

Als sie alles an Bord verstaut hatten, meinte Ines: »So, unsere Lagerräume sind wieder voll. Zum Glück brauchen wir mit unserem Synchronit beim Einkaufen nicht knausrig zu sein.«

Mirko, der seit seiner Transformation um einiges militärischer dachte als früher, wandte ein: »Das stimmt schon, es ist aber auch ein Sicherheitsproblem. Wenn jemand Wind von unserem Reichtum bekommt, könnte es gefährlich werden.«

»Ich habe auch kein gutes Gefühl bei dieser wertvollen Fracht«, sagte Sancho. »Aber wohin damit? Auf Enana kenne ich mich zwar gut aus, aber für diese Menge fällt mir kein sicherer Platz ein.«

»Ihr habt recht«, bestätigte Ines. »Bisher können wir davon ausgehen, dass niemand davon weiß. Den Hafenmeister haben wir damals zum Glück erfolgreich fernhalten können. Aber Schutz durch Unwissenheit hat immer ein Ablaufdatum. Wohin mit unserem Schatz?«

Sri hatte bisher geschwiegen und meldete sich nun zu Wort: »Ich hätte da eine Idee.«

31 | Zu spät

»Wie sieht's aus?«, fragte Finn den Techniker der *Fenriswolf*.

»Nicht gut. Mit dem, was wir an Bord haben, kann ich gerade eine der beiden zerstörten Strahlenwaffen ersetzen. Und auch dafür fehlen noch ein paar kleinere Sachen, vor allem Nanotechnik. Die werden wir auf Avalon besorgen müssen.«

»Na ja, immerhin etwas«, brummte Finn.

Inzwischen hatten sie den Sprungpunkt passiert. Knut blickte aus dem Fenster. »Avalon in Sicht! Bei so viel Eis wird's mir jetzt schon kalt. Du kannst sagen, was du willst, irgendwie erinnert mich der Anblick an den Anflug auf Thule.«

Das hätte er nicht sagen sollen. Finn spürte ganz ungute Gefühle in sich aufsteigen, schlimme Erinnerungen, verbunden mit Angst und Hilflosigkeit, die aber sofort durch unbändige Wut überrannt wurden. Er brüllte Knut an: »Halt den Mund!«

Knut wich überrascht zurück. »Aber Käpt'n! Ich wollte doch nur ...«

»Gar nichts willst du! Wenn du noch einmal was von Thule sagst, bringe ich dich um!«

Knut setzte sich an die Konsole mit den Instrumenten und sagte nichts mehr, worauf sich Finn bald wieder beruhigte. Vielleicht hatte er doch zu heftig reagiert. Schließlich war Knut auch sein Freund, ein paar besänftigende Worte konnten nicht schaden. »Weißt du, wenn du damals dabei gewesen wärst, würdest du auch nichts davon hören wollen. Also reden wir nicht mehr darüber.«

So verlief der weitere Anflug auf Avalon schweigsam.

Am Pier der Orbitalstation, an der sie anlegten, waren zu Finns Enttäuschung keine weiteren Raumschiffe zu sehen. Er erklärte: »Ich fliege zunächst allein auf den Planeten hinunter, um nach der *Lotosblüte* zu fragen.« An den Techniker gewandt, fügte er hinzu: »Dann kann ich mich in der Stadt gleich nach den Bauteilen umsehen, die wir noch brauchen. Kopier mir eine Stückliste auf meinen Handcomputer!«

Finn nahm das öffentliche Shuttle, um auf die Oberfläche zu gelangen. Er kannte auf Avalon so gut wie niemanden, deshalb war er froh, gleich auf dem Raumhafen auf ein bekanntes Gesicht zu stoßen. Gilbert, ein früheres Crewmitglied seines Partners Marco, hatte dort einen kleinen Laden aufgezogen, wo er neben Kleinzeug für Raumschiffe vor allem Synchronit verkaufte. Die wertvolle Substanz war in diesem abgelegenen Winkel der Galaxis noch schwerer zu bekommen als anderswo.

Finn besorgte erst einmal die Ersatzteile für die neue Strahlenkanone, die nanotechnischen Bauelemente hatten locker in seiner Umhängetasche Platz. Dann fragte er Gilbert, ob er nicht Ines, eine »alte Freundin« von ihm, gesehen habe. Gilbert meinte, seine Kunden stellten sich normalerweise nicht vor. Ihm sei aber vor Kurzem eine Frau aufgefallen, die anders als die meisten anderen kein Synchronit kaufen wollte, sondern im Gegenteil damit bezahlte. Sie schien über eine größere Menge zu verfügen, denn sie sei mit dem Preis, den Gilbert ihr verrechnete, überraschend schnell einverstanden gewesen.

Finn erzählte nicht, warum er hier war. Er sagte nur: »Das klingt ganz nach Ines! Was hat sie denn so erzählt?«

»Sie hat von ihrem Raumschiff gesprochen, es war so ein bescheuerter Blumenname.«

»*Lotosblüte*?«

»Genau! Typischer Weiberkram eben.«

Die beiden Männer lachten, und nach einigen derben Witzen über Frauen verabschiedete sich Finn. Wirklich zufrieden war er nicht. Er wusste jetzt zwar, dass Ines hier gewesen war, und war sich inzwischen ganz sicher, dass sie das Synchronit hatte. Sein Synchronit. Aber er war zu spät gekommen. Die verdammten Insektoiden hatten ihn aufgehalten.

So ging die Verfolgungsjagd in die nächste Runde. Die *Lotosblüte* würde ihm nicht entkommen.

32 | Schwieriger Freundschaftsbesuch

»Alarm! Wir werden beschossen!« Mirko flog ein Ausweichmanöver, ein Projektil detonierte nahe der *Lotosblüte*, ohne Schaden anzurichten. Ines war sich nicht mehr sicher, ob es eine gute Idee gewesen war, Neuirland anzufliegen. Mirko ergänzte: »Sie hätten uns auch ohne Ausweichen nicht erwischt. Das war ganz wörtlich ein Schuss vor den Bug.«

Ines fragte: »Sri, seit wann haben deine Heuschreckenfreunde so wirksame Waffen?« Bevor Sri antworten konnte, meldete sich Mirko wieder: »Ich konnte den Ausgangspunkt des Schusses berechnen. Er liegt auf dem nördlichen Kontinent. – Seht euch das an! Das wird euch bekannt vorkommen.«

Er legte ein vergrößertes Kamerabild auf den Schirm. Weiße Wolkenfetzen verdeckten die Sicht. Als sie sich wieder verzogen, kam nahe der Küste ein wohlbekanntes kugelförmiges Objekt in Sicht.

»Die Karrzha!«, riefen Ines, Sancho und Zena zugleich.

Das Bild des Schwarmschiffs verschwand, Mirko meldete: »Ich habe Funkkontakt zur Heuschreckenkolonie.«

Auf dem Monitor erschien eine der Riesenheuschrecken. »Hier spricht Istra, Sprecher der Insektoidenkolonie. Wer seid ihr, was wollt ihr? Wenn ihr feindliche Absichten zeigt, vernichten wir euch.«

Sri übernahm: »Du kannst dich entspannen, Istra, du sprichst mit Freunden.«

Istra setzte wesentlich gelassener fort, als er seine Gesprächspartnerin erkannte: »Ach, du bist es, Sri! Du und deine Zweibeinerfreunde mit der – Rosenblüte?«

»*Lotosblüte!*«

»Ach ja, richtig! Sri, du siehst, wir haben hier neue Nachbarn. Es ist genau das Schwarmschiff, dem ihr damals begegnet seid, das hat den Kontakt sehr erleichtert. Aber was führt euch hierher? Sri, willst du vielleicht wieder einmal mit mir ...«

Sri fiel ihm ins Wort: »Du musst nicht alles ausplaudern!« Ihre Körpersprache signalisierte Belustigung, und auf dem Bildschirm sah es so aus, als würde Istra sich genauso verhalten. Auch Ines lächelte amüsiert. Der Heuschreckenmann, der sich Istra nannte, musste bei Sris letztem Besuch auf Neuirland ihr Paarungspartner gewesen sein.

Aber bevor die beiden Insektoiden sich zu sehr in privatem Geplauder verzettelten, schaltete sie sich in die Unterhaltung ein: »Ich bin Ines, Kommandantin der *Lotosblüte* und Freundin von Sri. Wir haben eine große Bitte an euch.«

Mit vereinten Kräften erklärten Ines und Sri dem gespannt lauschenden Istra ihr Problem mit dem Synchronit und baten die Kolonie um Erlaubnis, die begehrte Substanz auf ihrem Planeten zu deponieren. Auf Neuirland wäre es sicher, denn hier würde niemand einen derartigen Schatz vermuten.

Istra antwortete zögernd: »Ihr verlangt viel von uns. Selbst wenn ich zustimme, könnte es schwierig sein, den Kolonierat von so einer Aktion zu überzeugen. Wir bringen uns damit noch mehr in Gefahr, als wir es durch die Sklavenjäger ohnehin schon sind. Wir haben inzwischen zwar die Karrzha als Schutzmacht, trotzdem erhöht sich das Risiko, und das ohne einen Vorteil für uns. Dazu kommt, dass auch die Karrzha einverstanden sein müssten. Sie sind sehr kritisch, wenn individuelle Interessen anstelle des Gemeinwohls das Handeln bestimmen. Sri, es wird am besten sein, du kommst herunter und bringst das Anliegen selbst vor.«

Angesichts von Istras Skepsis bereute Ines schon wieder, Sris Idee zugestimmt zu haben. Istra hatte recht, sie würden den Insektoiden ohne Gegenleistung eine zusätzliche Gefährdung zumuten, und dass die Karrzha jetzt auch hier siedelten, machte die Sache zusätzlich komplizierter. Andererseits stellte ihre brisante Ladung tatsächlich eine ständige Gefahr dar. Es war nur eine Frage der Zeit, bis jemand Wind davon bekam. Auf dieser dünn besiedelten Welt musste es doch einen abgelegenen Winkel geben, wo sie ihren Schatz auch ohne Gefährdung der Einheimischen verstecken konnten.

Vielleicht erreichte Sri im Gespräch von Insektoid zu Insektoid etwas.

33 | Wieder einmal Verhandlungen

»Toby!«, wiederholte Sri verächtlich, nachdem Istra ihr von seiner Sklavenherkunft erzählt hatte. »Das klingt ja fast so dumm wie Jennifer.«

»Haben sie dich so genannt?«, fragte Istra nach.

»Ja, diese Fremdbestimmtheit haben wir zum Glück hinter uns. Wir können uns selbst aussuchen, wie die anderen uns nennen sollen.« Sri dachte kurz nach. Das war eine gute Gelegenheit, endlich eine Idee zur Sprache zu bringen, die ihr schon länger durch den Kopf ging. »Aber was ist mit dem Namen unserer Spezies? Immer nur als Heuschrecken, als Riesenheuschrecken oder als Insektoide bezeichnet zu werden, ist auf die Dauer nicht befriedigend, und von den widerlichen Schimpfnamen der Sklavenhalter will ich gleich gar nicht anfangen. Dem sollten wir selbst etwas entgegensetzen.«

»Dieser Gedanke ist mir auch schon gekommen, aber du klingst ja ganz so, als hättest du schon einen Vorschlag auf Lager.«

»So ist es! In den Datenbanken der Menschen werden unsere Heuschreckenvorfahren als *Orthoptera* bezeichnet. Wir könnten das Wort abkürzen und unsere Spezies in Menschensprache als *Ortho* bezeichnen.«

Istra sprach bedächtig nach: »Ortho, Orthoptera. Das klingt nicht schlecht, es lässt sich auch gut zirpen, sogar in der langen Form. Ich werde den Vorschlag bei Gelegenheit im Rat zur Sprache bringen. Das könnte die zweibeinerfreundliche Fraktion wieder etwas stärken. Es gibt in unserer Kolonie starke Strömungen, die sich von den Menschen abgrenzen und den Kontakt auf ein Minimum reduzieren wollen. Diese Partei hat seit dem Eintreffen der Karrzha einigen Zulauf erhalten, weil wir jetzt als starke insektoide Allianz auftreten können.«

Sri wandte ein: »Ob diese Isolationisten bei den kollektivistischen Karrzha Unterstützung finden werden? – Aber darüber sollten wir später sprechen, ich bin ja mit einem ganz konkreten Anliegen zu diesem Treffen gekommen.«

Nun erwies sich Istra bei aller Freundschaft als zäher Verhandler, der zwar prinzipiell Zustimmung signalisierte, aber auch das Wohl der gesamten Kolonie im Auge hatte und unbedingt eine Gegenleistung für das Lagern des Synchronits verhandeln wollte.

»Warte einen Moment!«, sagte er zu Sri, »Ich muss dir jemanden vorstellen.«

Sri sah Istra hinterher, wie er über den grasbewachsenen Platz hüpfte und in einem anderen Gebäude verschwand. Auf den ersten Blick glaubte Sri, in der Ortho-Frau, mit der Istra kurz darauf in der Tür erschien, die freundliche Ratgeberin während ihrer Schwangerschaft zu erkennen, doch diese Vermutung erwies sich als Irrtum. Istra stellte Sri die Ärztin vor, die sogleich die mangelhafte medizinische Ausrüstung beklagte. Vor allem bei der Synthese von Medikamenten und Impfstoffen sei die Kolonie auf die Unterstützung der Karrzha angewiesen. Die Ameisenwesen seien zwar hilfsbereit und verfügten über leistungsfähige Technologien, aber Anlagen vor Ort wären doch dringend vonnöten, um mehr Unabhängigkeit zu gewährleisten. Auch der Zeitfaktor spielte eine Rolle, denn in dringenden Fällen könnte die Hilfe der Karrzha zu spät kommen.

Sri konnte die Argumente gut nachvollziehen. Sie hatte schon bei ihrem ersten Neuirland-Aufenthalt gesehen, dass die technische Ausstattung der Kolonie zu wünschen übrig ließ. Im Prinzip empfanden die naturnahen Ortho das nicht als allzu störend, nur im medizinischen Bereich fehlte es an allen Ecken und Enden. Die Ärztin erzählte Sri von den Problemen mit den Sporen der Karrzha-Pflanzen. Die Ameisen hatten doch geraume Zeit für die Herstellung des Impfstoffs gebraucht, zumal sie selbst gerade mitten im Neubau ihrer Siedlung waren. Außerdem hatte der Impfstoff nur für die nördlichen Provinzen gereicht. Eine bessere Ausrüstung hätte viel Leid erspart und könnte in schlimmeren Fällen sogar über Leben und Tod entscheiden.

Sri brauchte nicht lang zu überlegen, wie sie ihrem Volk am besten helfen konnte. Die Lösung lag auf der Hand. Sie hatten schließlich aus dem Sculptor-System eine vielseitige Replikationsanlage mitgebracht. Genau so etwas wurde hier gebraucht. Der Haken daran war, dass Sri Ines und die Crew davon überzeugen musste, die Anlage den Ortho zu überlassen. Sie bat Istra um Geduld und funkte vom Shuttle aus die *Lotosblüte* an.

»Mir gefällt die Sache gar nicht«, antwortete Ines, nachdem Sri ihr den Vorschlag unterbreitet hatte. »Meinst du wirklich, wir sollen diese einzigartige Technologie gleich wieder aus der Hand geben? Vielleicht ist es das Beste, wir vergessen die ganze Synchronit-Idee und nehmen das Zeug selbst wieder mit.«

»Nicht unbedingt!« Sri erkannte nun Mirkos Stimme. »Ich habe aus dem Sculptor-Computer auch die vollständigen Konstruktionspläne für genau dieses Gerät heruntergeladen. Wir können es jederzeit nachbauen. Und unseren Heuschreckenfreunden könnten wir unabhängig vom Synchronit mit dieser Technologiespende einen großen Gefallen tun.«

Dank Mirkos Hinweis hatte auch Sancho, der die Anlage in seiner Reparaturwerkstätte einzusetzen plante, nichts mehr dagegen, und die insektoidenfreundliche Zena hatte ohnehin nie einen Einwand gehabt. So ließ sich Ines schließlich umstimmen: »Sri, sag Istra und den anderen, sie können die Anlage haben.«

Erfreut hüpfte Sri zur Kolonie zurück. Schon von Weitem erkannte sie zwei schwarze Gestalten, die sich im Näherkommen als Karrzha herausstellten. Sie wollten sich noch genauer über den Handel zwischen der *Lotosblüte* und der Orthokolonie informieren. Doch auch Sris detaillierte Erklärung stellte sie nicht zufrieden, sie teilten die Befürchtung vieler Ortho, das Synchronit könnte für gierige Menschen allzu interessant werden, Unfriede wäre die Folge. Die Delegierten räumten Sri aber die Chance ein, bei der Ausführenden Königin vorzusprechen.

Sri hatte das schon kommen sehen. Sie zwängte sich in die kleine Flugeinheit, und nach der Überquerung des Meeres näherten sie sich dem gelandeten Schwarmschiff. Die riesige Kugel wirkte hier, an der Küste stehend, noch eindrucksvoller als im Weltraum.

Das Gewimmel im Inneren war hektischer als bei Sris letztem Besuch, sie und ihre beiden Begleiterinnen mussten mehrere Male vor den Aufzugschächten warten. Sri fühlte sich in den für ihre Größe knappen Gängen und Liftkabinen ziemlich beengt, umso mehr, als überall eine Unzahl der schwarzen Bewohner in lebhaftem Gedränge unterwegs war.

Der Audienzraum der Ausführenden Königin war Sri noch vertraut, nur die Königin selbst war inzwischen eine andere. Sie erklärte Sri, dass die Karrzha an den Angelegenheiten der Menschen generell nicht besonders interessiert seien, außer bei gröberen Störungen in der Koexistenz. Deshalb ging es in der aktuellen Entscheidungsfindung vor allem darum, einzuschätzen, ob ein Synchronitlager auf Neuirland eine solche Störung darstellen würde. Sri bot auch an, einen kleinen Teil des Synchronits als Maut oder Steuer den Karrzha zu überlassen.

Doch die Ausführende Königin lehnte ab. Synchronit spiele in der Raumfahrttechnik der Karrzha keine Rolle, ihre Dimensionssprünge beruhten auf anderen Prinzipien. Sri fragte nach weiteren Details, etwa, ob die Karrzha die gleichen Sprungpunkte benutzten wie die Menschen, doch dazu konnte und wollte die Königin nichts sagen. Sie erwähnte nur, dass ihre Methode, interstellare Distanzen zurückzulegen, an die Schwarmschiffe gebunden war und in einem anderen Umfeld, etwa in einer kleineren Karrzha-Flugeinheit oder einem Menschenraumschiff, nicht funktionieren würde.

Letztlich entschied das Kollektiv mit dem für Sri nach wie vor rätselhaften Prozedere, dass die Karrzha keine Einwände gegen das Lagern des Synchronits hatten, vor allem, weil der Handel – Synchronitlagerung gegen Replikationsanlage – einem bei individualistischen Wesen wie Menschen oder Ortho üblichen Vorgehen entsprach.

Vor ihrem Abschied erfuhr Sri auf ihre Nachfrage hin, dass die Mutterkönigin noch dieselbe war wie bei ihrem letzten Besuch. Sie war auch bereit, erneut mit Sri zu sprechen. Eine der sechs weiteren Karrzha im Raum, die sich bisher schweigend im Hintergrund gehalten hatten, trat vor und bot Sri an, sie zu begleiten. Der Weg erschien Sri anders als damals, länger, gewundener und mit mehr Fahrstuhlpassagen. Der Raum der Mutterkönigin sah noch gleich aus, sie freute sich, Sri wiederzusehen. Leutselig plauderte sie mit ihrer Besucherin und erzählte, dass es ihr nach ihrem letzten Treffen schon wieder langweilig geworden war. Für sie hätte sich nach der Landung bislang so gut wie nichts geändert. Die Königin hätte nach wie vor nichts anderes zu tun, als regelmäßig Eier zu legen, und habe diesen Raum seit Ewigkeiten nicht verlassen.

»Aber das wird jetzt anders!«, erzählte sie erfreut. »Dein nächster Besuch bei mir – und ich hoffe sehr, dass es noch viele Treffen gibt – wird nicht mehr hier stattfinden. Draußen haben wir schon die ersten Wohnbauten und Pilzfarmen errichtet.«

Eine Wand der Kammer wurde zu einem riesigen Bildschirm. Sri war froh, einmal nicht einen der Menschenmonitore vor sich zu haben, die für ihre Facettenaugen viel zu klein waren und sie immer zwangen, unbequem nahe heranzugehen. Die Karrzha wussten eben, was Insektenaugen brauchten. Sie sah eigenartige, hoch aufragende Gebilde, die so aussahen, als wäre versucht worden, irdische Termitenhügel, wie sie Sri aus den Datenbanken kannte, mit Lehmkugeln nachzubauen. Ein Kamerazoom führte näher heran und zeigte ein Gewimmel von Karrzha um die Eingänge herum. Der Größenvergleich offenbarte, dass die Bauten mehrere Hundert Meter hoch sein mussten.

Die Königin zeigte auf das Bild. »Dort in der Mitte des größten Wohnturms wird gerade eine neue Königinnenkammer eingerichtet. Schon in ein paar Neuirland-Tagen ziehe ich um. Ich bin schon ganz aufgeregt!«

Nachdem sie wieder ein Ei gelegt hatte, das zweite, seit Sri hier war, erklärte sie weiter: »Der Umzug ist voll im Gang, du wirst sicher die Aktivitäten im Mutterschiff bemerkt haben.«

»Räumt ihr es komplett leer?«

»Nein, der Großteil des Schwarms zieht zwar um, auch die Nahrungserzeugung lagern wir komplett aus. Einige Tausend Individuen werden aber als Besatzung an Bord bleiben. Die Waffen und Flugeinheiten werden instand gehalten, auch die Triebwerke des Mutterschiffs, falls wir wieder einmal gezwungen sein sollten, durch das Weltall zu reisen.«

»Das will ich aber nicht hoffen!«

»Nein, das wollen wir alle nicht, und wir wünschen uns, dass auch die anderen Schwarmschiffe neue Heimatplaneten finden. Neuirland ist vom Klima her optimal. Das einzige Problem ist die parallele Existenz zweier inkompatibler Ökosysteme. Das könnte in Zukunft noch zu Problemen führen.«

Sri überlegte: »Könnten nicht die Organismen auf beiden Seiten gentechnisch so verändert werden, dass sie besser mit der jeweils anderen Biochemie zurechtkommen?«

»Das ist in der Tat unser Ziel, auch wenn es noch in weiter Ferne liegt. Auch unter euch Ortho gibt es sicherlich einige, die eine Vereinheitlichung als wünschenswert erachten. Vor allem in unserer gemeinsamen Forschungsstation arbeiten wir an diesem Problem.«

Sri begriff allmählich die Größe dieses Vorhabens: »Am Ende würde ein einheitliches Neuirland entstehen, bewohnt von zwei intelligenten Spezies, die von verschiedenen Planeten kommen. Ein Planet, auf dem wir eure Pilze essen können und ihr unsere Gräser und Kräuter! Ein Planet der Insektoiden! Das ist eine großartige Vision.«

Die beiden Insektoidenfrauen schwelgten noch einige Zeit in den Zukunftsplänen, dann kehrte Sri wieder zur Orthosiedlung zurück.

Inzwischen hatte Ines die *Lotosblüte* auf dem Planeten gelandet. Istra und die Ärztin hatten die Replikationsanlage schon in der Krankenstation aufgestellt und waren gerade mit Experimenten beschäftigt, als Sri ankam. Die *Lotosblüte* war zu der Insel geflogen, auf der das Synchronit in einer Höhle gelagert werden sollte. Als das Raumschiff nach getaner Arbeit wieder nahe der Kolonie landete, um Sri abzuholen, wurde ihr ihre innerliche Zerrissenheit schmerzlich bewusst. Sie genoss die Geborgenheit des Schwarms, und nach dem Besuch bei den Karrzha war sie noch ganz in der insektoiden Welt. Andererseits waren auch die Menschen auf der *Lotosblüte* ihre Freunde. Dieses Raumschiff war ihr Zuhause. Als Ines zum Aufbruch drängte, überlegte Sri, ob sie nicht auf dem Planeten bleiben sollte.

Schweren Herzens entschied sie sich doch, mitzufliegen. Ines wollte ohne Zwischenstopp gleich Kurs auf ihren Heimatplaneten Elysium nehmen, um dort mit Zena und Sancho ein paar Tage Urlaub zu machen. Elysium war schließlich für seine Angebote hinsichtlich Vergnügen und Entspannung berühmt. Mirko wäre auch gern mit von der Partie gewesen. Er beklagte den Verlust seines Körpers und sprach unterwegs immer wieder die Idee an, einen Androiden zu bauen, der seinem computergespeicherten Bewusstsein als Avatar dienen könnte. Sri vermutete, dass sich Mirko bis zur Realisierung eines so aufwendigen technischen Projekts wohl noch einige Zeit würde gedulden müssen, hielt sich aber aus den Gesprächen heraus, um dem in die virtuelle Welt verbannten Freund die Hoffnung nicht gleich wieder zu nehmen.

34 | Zeitvertreib

Gelangweilt wandte Finn den Blick von der Bühne ab. Die kybernetisch aufgemotzten Stripperinnen beherrschten zwar äußerst laszive Bewegungen und Verrenkungen, aber die Zeiten, in denen ihn das angeregt hatte, waren schon lang vorbei. Damals war er noch fasziniert gewesen von den langen Beinen und den hochhackigen Schuhen, die bei vielen der Mädchen fest mit dem Körper verwachsen waren. Derartige Modetorheiten verloren rasch an Reiz. Auch die Prostituierte, die er an seinen Platz bestellt hatte und die sich gerade eifrig an ihm zu schaffen machte, konnte ihn nicht aus der Reserve locken. Diese willenlos willigen Geschöpfe waren was für Weichlinge, da hätte er gleich eine Androidin oder eine VR-Kabine buchen können, das wäre billiger gekommen. Er brauchte etwas anderes: »Eine richtige Frau.«

Das hatte er laut ausgesprochen, die Prostituierte sah zu ihm auf. »Hey, sag einfach, wie du's willst. Ich habe einiges drauf.«

»Wie ich will, sagst du! Genau das ist es. Willst du selbst gar nichts? Willst du nicht ...«

Sie unterbrach ihn mit einer schallenden Ohrfeige. Er stutzte, sah sie mit zornig funkelnden Augen an und genoss kurz ihre Angst, dann lachte er laut auf. Sie hatte es kapiert. Aus diesem Bordellbesuch konnte doch noch etwas werden.

Ein paar Stunden später verließ er das Etablissement einigermaßen zufrieden und schlenderte durch das Vergnügungsviertel im Außenring der Raumstation *Enana Roja*. Die Hure war gut gewesen, trotzdem hatte etwas gefehlt, eine starke Persönlichkeit, an der er sich messen konnte, und sei es nur, um sie zu bezwingen oder zu brechen.

Er hatte den Liftschacht erreicht und fuhr in den Zentralbereich hoch, um dort wie vereinbart ein paar Mitglieder seiner Besatzung zu treffen, die sich gerade in einer Sportanlage beim Bowling vergnügten. Finn spielte ein paar Runden mit und fragte die anderen, ob sie inzwischen etwas von der *Lotosblüte* gehört hätten.

Knut antwortete: »Gar nichts, Käpt'n, die ganzen drei Tage nicht, die wir jetzt hier sind. Sie muss von Avalon sonst wohin geflogen sein. Sanchos Laden ist noch immer zu, und nicht einmal sein geschwätziger Nachbar konnte mir was Neues sagen.«

Grit, die erst jetzt zur Gruppe gestoßen war, hatte bessere Neuigkeiten: »Ich war drüben am Pier. Ich hab noch ein paar Einkäufe auf der *Fenriswolf* verstaut. Da ist mir meine alte

Freundin Teresa über den Weg gelaufen. Sie macht jetzt die Navigation auf einem Frachter, der erst vor ein paar Stunden angelegt hat. Sie kommt direkt von Elysium. Und dort ist Teresa an den Andockschleusen ein Raumschiff aufgefallen, dessen Blumenname so gar nicht zur eindrucksvollen Bewaffnung gepasst hat.«

Sie brauchte nicht weiter zu erzählen. Begeistert klopfte Finn der Navigatorin auf die Schulter. »Das sind ja gute Nachrichten! Grit, bestell, was du willst und so viel du willst, das geht auf meine Rechnung. Und dann holen wir uns die *Lotosblüte*. Ines, diesmal entkommst du mir nicht!«

35 | Getrübtes Vergnügen

»Diesen Schuppen kenne ich noch gar nicht«, sagte Ines. Das ging Zena, die zum ersten Mal auf Elysium war, schon die ganze Zeit so. Sie hatten vorher zwei andere Tanzlokale besucht, die aber hoffnungslos überfüllt gewesen waren. Ines meinte, früher wäre das nicht so schlimm gewesen. Inzwischen reisten ganze Schulabschlussklassen und Betriebsbelegschaften in eigens gecharterten Raumschiffen an, um sich in der Hauptstadt ins Getümmel der Restaurants, Diskotheken und Spielhallen zu stürzen.

Nun hatte Ines eine Neueröffnung entdeckt, wo es Zena sofort gefiel. Hier war weniger los, gerade genug für eine angenehme, lebendige Atmosphäre. Außerdem wurde weitgehend auf Lichteffekte, Videos und Hologramme verzichtet, die Betreiber setzten ganz auf die Wirkung der Musik. Diese war auch hervorragend, vorwiegend meditativ fließend, mit sparsamen Impulsen für rhythmische Bewegungen. Zena trieb in leichter Trance durch dieses Feld aus Tönen. Einen derart euphorischen Zustand kannte sie sonst nur vom Schweben im freien Weltraum.

Sie öffnete die Augen. Die anderen wiegten sich wie sie sanft im Takt der Musik. Unter ihnen entdeckte sie Ines und Sancho, die einander zwar nicht berührten, aber doch sehr nahe waren. Die Intensität, in der ihre Bewegungen miteinander harmonierten, verriet lange Freundschaft und gemeinsame Erfahrung. Zena wunderte sich, dass sie sich nicht einfach mit ihnen freuen konnte, obwohl sie doch beide gern mochte. Doch es hatte sich ein Misston in ihr Gefühl eingeschlichen. Sie sagte sich, dass eine Dreiergruppe immer riskant sei. Wenn zwei sich besonders gut verstehen, wird der Dritte zum Außenseiter. So war es wohl auch hier, und das schmerzte ein wenig. Zena hatte solche Situationen schon öfter erlebt. In diesen Momenten spürte sie, dass ihr grelles Äußeres und die kybernetischen Aufrüstungen auch Ausdruck von Unsicherheit und Unzufriedenheit mit sich selbst waren.

Diesmal musste aber noch mehr dahinter stecken, denn der Anblick ihrer zwei Freunde, zwischen denen sie eine so starke Bindung spürte, ließ ihr keine Ruhe. Wie sie einander anlächelten!

Auf einmal war alles klar. Es ging um Sancho. Dieser Mann war äußerlich zwar eher unscheinbar, verband aber auf unnachahmliche Weise Entschlusskraft mit Warmherzigkeit. Und sie, Zena, das dumme junge Ding, hatte sich stinknormal verliebt, mit Eifersucht, Besitzanspruch und Zukunftsträumen, dem ganzen spießigen Kram, wie er seit alters her in kitschigen Liedern vermittelt wurde und den sie bislang immer empört abgelehnt hatte. Jetzt hatte es sie selbst erwischt. Es tat weh, Sancho und Ines in ihrer Zweisamkeit zu sehen, und doch konnte sie den Blick nicht von ihnen lassen. Die Entspannung des Tanzes war längst düsterem Grübeln gewichen. Was lief sonst noch zwischen den beiden? Warum war das auf einmal wichtig für sie? Durfte das überhaupt wichtig sein?

Vielleicht hatte Ines den Blick gefühlt, vielleicht war es auch Zufall, dass sie in Zenas Richtung blickte und ihr freundlich zuwinkte. Zena quälte sich ein maskenhaftes Lächeln ab und wies zum Ausgang, dem sie, wie sie nun feststellte, ohnehin recht nahe war. Offenbar hatte die Weisheit ihres Unbewussten sie schon hierher gelotst. Nur raus hier!

Im Nebenraum ließ sie sich in ein Sofa fallen und weinte still vor sich hin. Die Kellnerin, die noch jünger war als sie selbst, fragte besorgt: »Gibt es ein Problem? Kann ich was für dich tun?« Zena schüttelte mit traurigem, aber diesmal aufrichtigem Lächeln den Kopf.

Lange saß sie nur da und starrte in ihr Getränk, wo sich verschiedenfarbige Flüssigkeitsschwaden in abenteuerlichen Wirbelmustern vermischten. Sie hatte bisher der Versuchung widerstanden, etwas Alkoholisches oder sonst wie Bewusstseinsveränderndes zu bestellen. Sie wollte bei aller Verzweiflung immer noch sie selbst sein und kein Zombie an chemischen Marionettenfäden. Aus dem gleichen Grund hatte sie auch die in der Kybernetenszene beliebten psychotropen Implantate immer abgelehnt. Erstmals bereute sie das ein wenig.

Sie blickte auf, als sich jemand neben sie setzte. Ines! Ihre Kommandantin und Nebenbuhlerin blicke sie besorgt an. »Zena! Was hast du denn? Erzähl doch ...«

Zena unterbrach sie schroff: »Komm jetzt bloß nicht mit deiner geheuchelten Sorge! Lass mich einfach in Ruhe!«

Eigentlich wollte sie aber gar nicht, dass Ines wieder ging, sie wollte ihr noch vorher ihre ganze Wut und Traurigkeit an den Kopf werfen. Ines ließ sich ohnehin nicht so schnell vergraulen und gab zurück: »Zuerst will ich wenigstens wissen, was mit dir los ist!«

»Da fragst du noch? Tu nicht so, als ob du nicht bis drei zählen könntest! Und ich meine wirklich drei, oder besser zwei plus eins. Und die Eins bin natürlich ich! Da gibt es nichts zum Herumlabern. Steh doch dazu! Schnapp dir den Kerl und verschwinde! Mach doch, was du ...«

Der Rest des Satzes ging in heftigem, kurzatmigem Schluchzen unter. Das ärgerte Zena, weil sie so ihrer Kontrahentin Gelegenheit zu einer längeren Antwort gab.

»Ach so, es ist wegen Sancho und mir!«, erwiderte Ines wieder etwas leiser, nachdem die anderen Gäste schon in Richtung ihres lautstarken Wortwechsels geblickt hatten. »Tut mir leid, wenn du dich unseretwegen als Außenseiterin fühlst. Das ist verständlich, Sancho und ich sind schon seit frühester Jugend gute Freunde und waren viel gemeinsam unterwegs. Da entsteht schon ein gewisses stillschweigendes Einverständnis, wir sind einfach auf derselben Wellenlänge.«

»Gut und schön, aber warum erzählst du mir das, Ines? Soll ich dir jetzt sagen, ich freue mich mit dir, auch wenn es mir selbst dabei ganz beschissen geht? Soll ich euch sozusagen meinen Segen geben? Da kannst du lang warten!«

Ines ließ Zena ausreden, antworte dann aber rasch, fast hastig: »Nein, nein, das siehst du falsch. Zwischen Sancho und mir ist nie etwas gewesen, ich meine mit Sex oder gar Erotik. Wir wären niemals auf die Idee gekommen, unsere Freundschaft dafür zu riskieren. So konnten wir einander immer alles anvertrauen, das Glück genauso wie den Kummer.« Sie zögerte. »Das Neueste, das er mir von sich erzählt hat, sollte ich eigentlich für mich behalten, aber jetzt muss es, glaube ich, heraus. Er hat angedeutet, dass er von dir sehr beeindruckt ist, dass ein Gefühl für dich gewachsen ist, das über Freundschaft hinausgeht.«

Zena hatte schweigend zugehört, mehr erschöpft als wirklich beruhigt. Jetzt sah sie Ines mit offenem Mund an. »Was sagst du da? Sancho hat wirklich so etwas gesagt? Erzählst du das nicht nur, um mich zu beruhigen?«

»Nein, das wäre schön dumm, das würde ja sofort auffliegen, wenn du ihn fragst.«

Mehr noch als durch dieses Argument schaffte es Ines mit ihrer warmherzigen Ausstrahlung, Zena zu überzeugen. Sie kuschelte sich eng an Ines, ihre Augen wurden feucht, doch diesmal flossen Tränen der Erleichterung. Ines strich Zena sanft über ihr Haar, was zwischen den kurzen Stoppeln, den bunten langen Strähnen und den Piercings an Ohren und Augenbrauen gar nicht so einfach war. Zena bereute ihren Zorn nicht, denn die heftigen Emotionen mussten einmal raus. Das war jetzt vorbei. Ines hatte sehr liebevoll reagiert. Sie war keine Konkurrentin, sondern eine gute Freundin, und dazu eine äußerst attraktive. Zena umarmte sie und wie von selbst trafen sich ihre Lippen und ihre Zungen zu einem langen Kuss. Seit dem üblichen Experimentieren in der Pubertät hatte Zena keine Frau mehr geküsst. Schon damals hatte sie eine klare Vorliebe für Männer bei sich festgestellt. Auch mit Ines würde keine Bettgeschichte daraus werden, aber jetzt genoss Zena die weibliche, erotische Nähe dieser schönen, kraftvollen Frau. Und dann würde sie die Nähe eines Mannes suchen, der sich offensichtlich auch für sie interessierte.

Sri war währenddessen an Bord geblieben. Sie machte sich nichts aus Musik oder Tanz. Diese typisch menschlichen Vergnügungen waren ihrer Spezies fremd. Eine Ausnahme war natürlich der Zirpgesang eines männlichen Artgenossen als Vorspiel zum Sex.

Dass Musik auch bei den Menschen eine erotische Komponente hatte, erfuhr Sri, nachdem Ines auf die *Lotosblüte* zurückgekehrt war. Sie erzählte von den intensiven Erlebnissen mit Zena, die sich mit Sancho zurückgezogen hatte. Auf Sris Frage, ob es die beiden gleich miteinander treiben würden, antwortete Ines: »Ich glaube nicht. So wie ich Sancho und auch Zena kenne, sitzen sie gerade bei Tee und Kerzenschein zusammen und reden endlos über ganz persönliche Dinge.«

Sri war wieder einmal amüsiert und verwundert über das abenteuerliche und facettenreiche Liebesleben ihrer zweibeinigen Freunde. Gleichzeitig bedrückte sie aber ihre eigene Einsamkeit. Sie sehnte sich nicht nach einer sexuellen Vereinigung, auch nicht primär nach freundschaftlichem Kontakt mit Istra oder anderen Ortho. Sie war eben kein Rudeltier wie die Menschen, sondern ein Schwarmwesen. Sie wollte eins werden mit der großen Schar. Sie wollte nach Neuirland.

Andererseits hatte sie hier Freunde gefunden, denen sie sich sehr nahe fühlte. Auch die *Lotosblüte* selbst war ihr enorm wichtig, als Symbol ihrer Flucht aus der Sklaverei, ihres Aufbruchs in ein neues, selbstbestimmtes Leben. Außerdem steckte in diesem Raumschiff viel von ihrer technischen Schaffenskraft. Sie hatte es zwar nicht selbst gebaut und stellte auch Ines als Kommandantin nicht infrage. Trotzdem war es zu einem gewissen Teil ihr Werk, ihr Reich, ihr Zuhause.

So gab es zwei Orte, die sie mit dem Begriff Heimat verband.

36 | Das Ende der Jagd

Elysium rückte langsam näher. Finn spürte nach langer Zeit endlich wieder die Anspannung des Jägers unmittelbar vor dem Stellen der Beute. Dieses anregende Gefühl, das seinen Geist wach machte und seine Sinne schärfte, hatte er lange vermisst.

Knut fragte: »Was tun wir, wenn wir die *Lotosblüte* finden? Sollen wir das Überraschungsmoment nutzen und sie gleich von der Andockstelle aus entern?«

Finn schüttelte den Kopf. »Das wäre keine gute Idee. Die Sicherheitsleute hier sind verdammt gut, und sie lassen sich auch nicht bestechen oder unter Druck setzen. Die würden uns einfach hopsnehmen.«

»Was hast du dann vor, Käpt'n?«

»Wir müssen sie dazu bringen, vom Raumhafen abzulegen. Dann heften wir uns an ihre Fersen und machen sie im Weltraum fertig. Aber zuerst knöpfe ich mir ihre Kommandantin vor. Ich wette, sie ist unten im Vergnügungsviertel, und ihre Crew auch. Warum sonst hätten sie gerade hierhin fliegen sollen?«

Bald kamen die Anlegestellen in Sicht. Grit steuerte die *Fenriswolf* umsichtig an den vielen Raumschiffen vorbei. Plötzlich rief sie: »He, Käpt'n, sieh dir das an! Das ist doch Marcos Kiste!«

»Bei allen Teufeln, du hast recht! Diesen Kahn kann man gar nicht übersehen.«

Knut fragte dazwischen: »Aber was macht denn Marco hier auf Elysium?«

»Das frage ich mich auch. Eigentlich wollte er nur noch das Synchronit auf Pitcairn verstauen und dann untertauchen, er wusste ein lauschiges Plätzchen. Er hat sich ganz einfach in zu vielen Sektoren unbeliebt gemacht. Wundert mich sehr, dass er jetzt ...«

Knut unterbrach ihn. Er hatte Marcos Schiff auf einem der kleineren Bildschirme herangezoomt und deutete auf das Bild: »Mir kommt vor, dass da doch einiges verändert wurde. Und außen ist etwas aufgemalt. Eine Blume!«

Finn starrte auch überrascht auf den Monitor, und Grit warf ein, ohne die Steuerung zu vernachlässigen: »Teresa, die mir von der *Lotosblüte* erzählt hat, sagte auch etwas von einem Blumenornament. Das heißt, Marcos Schiff wurde umgebaut, frisch gestrichen ...«

»... und heißt jetzt *Lotosblüte!*«, ergänzte Knut.

»Ines!«, brüllte Finn. »Was ist denn das für ein Teufelsweib? Erst schnappt sie sich Marcos Raumschiff, dann mein Synchronit!«

Er atmete ein paarmal durch, dann lachte er leise. »Höchste Zeit, dass ich sie kennenlerne. Diese Frau macht mich neugierig.«

Eine Stunde später saß er in einem Café an der Anlegestelle der regelmäßig abgehenden Shuttles. Knut hatte eine Mikrokamera vor der Andockschleuse der *Lotosblüte* angebracht, die bei jeder Bewegung sofort über das lokale Mobilfunknetz Alarm geben würde. Er hatte keine Angst, von den Sicherheitskräften oder von Kriminellen abgehört zu werden, denn die elysischen Behörden legten auf Datenschutz, Seriosität und Diskretion großen Wert. Immerhin wurden auf diesem Planeten auch im Glücksspiel große Summen umgesetzt.

Gelangweilt sah Finn den vorbeiströmenden Menschenmassen zu, bis endlich ein Signal kam. Das Display seines Handcomputers entfaltete sich und zeigte zwei Leute, die gerade an Bord der *Lotosblüte* gingen. Den Mann ignorierte Finn, die Frau war eine typische Kybernetin mit bunten Haaren und auffälligen Piercings. Sah so seine Widersacherin aus? Nein, für eine Raumschiffskommandantin war sie zu jung.

Wieder musste er warten. Er fragte sich schon, ob diese Strategie eine so gute Idee gewesen war. Erst nach über einer Stunde meldete sich sein Gerät wieder. Diesmal verließ eine Frau das Schiff. Die Kamera erfasste sie nur von hinten, Finn prägte sich das Bild gut ein. Wenn sie zur Oberfläche fliegen wollte, musste sie in wenigen Minuten bei ihm vorbeikommen.

Tatsächlich! Da war sie schon. Jetzt galt es nur noch, herauszufinden, ob das die Kommandantin war oder ein weiteres Besatzungsmitglied. Die Frau hielt zielstrebig auf den Zugang zum Shuttle zu. Finn zahlte in Ruhe seine Drinks und folgte ihr. Er hatte es nicht eilig, die Fähre würde erst in zwanzig Minuten starten. Weil die meisten Fluggäste erst knapp vor dem Start einstiegen, ergatterte er einen freien Platz neben der Frau aus der *Lotosblüte*. Sie sah auch aus der Nähe hinreißend aus in ihrem hautengen Overall. Und diese Haare! Ganz helles Blond, fast schon weiß. Das war genau sein Typ. Auch wenn es nicht Ines war, würde er sich an sie heranmachen. Einen amüsanten Flirt war sie auf alle Fälle wert, dazu kam die Möglichkeit, Informationen über die *Lotosblüte* aus ihr herauszukriegen. Als sie sich ihm zuwandte, sprach er sie an: »Hallo! Kannst du mir vielleicht helfen? Ich bin neu hier und wüsste gern, wo man unten in der Stadt am besten hingeht.«

»Kein Problem! Ich komme von hier. Was willst du denn unternehmen? Tanzen, Zocken, Essen, Sex oder dich einfach besaufen?«

»Ja, genau!«, antwortete er lachend. »Das alles. Aber schön der Reihe nach. Zuerst könnte ich einen Happen vertragen. Allein macht es keinen Spaß, würdest du mir Gesellschaft leisten? Du bist natürlich eingeladen.«

»Ich bin zwar eher auf Tanzen aus, aber ein kleiner Imbiss wäre schon drin. Ich kenne da ein nettes Bistro gleich neben dem Shuttlehafen.«

»Wunderbar! Ich heiße übrigens Finn. Und du?«

»Ines.«

Ines! Sie war es! Über viele Lichtjahre hatte er sie verfolgt. Jetzt war die Jagd zu Ende. Ines, das Objekt seiner Rache und nun auch Objekt seiner Begierde, war so nahe, dass er ihren Atem spüren konnte. Ihr Tod war ihm nun nicht mehr wichtig. Er wollte sie haben, ihren Körper und auch ihre Seele. Sie musste voll und ganz ihm gehören! Sein Sieg wäre perfekt, wenn er sie so unter seine Kontrolle bringen könnte, dass sie ihm das Synchronit freiwillig auslieferte, und sich selbst gleich mit.

Im Gespräch sagte er natürlich nichts von seinen Plänen oder vom Synchronit. Er stellte sich aber ganz offen als Piratenkapitän vor. Das schien ihr durchaus zu gefallen und zu imponieren. Moralische Zimperlichkeit brauchte er bei einer Frau, die ein Raumschiff und einen riesigen Synchronitschatz geklaut hatte, nicht zu befürchten. Einmal hätte er sich fast verplappert und die *Lotosblüte* erwähnt. Er besann sich gerade noch und fragte sie nach ihrem Schiff. Sie erzählte ihm ohnehin bereitwillig einiges.

Nur als er sie fragte, wie sie zu dem Raumschiff gekommen wäre, wich sie aus: »Das ist eine lange Geschichte, die erzähl ich dir lieber ein anderes Mal.«

Was hatte sie wohl mit Marco gemacht? Hatte sie ihn mit ihren Reizen herumgekriegt und dann beseitigt? Finn musste auf alle Fälle vorsichtig sein, hier hatte er eine ebenbürtige Gegnerin gefunden.

37 | Tanzen und einiges mehr

Ines war in Hochstimmung. Ekstatisch bewegte sie sich über die Tanzfläche, aufgeputscht von schnellen Rhythmen und psychedelischen Lichteffekten. Der Mann an ihrer Seite war zwar kein so routinierter Tänzer, aber sie genoss es, dem Spiel seiner gut trainierten Muskeln zuzusehen. Ein richtiger Pirat! Seit der unglücklichen Affäre mit dem falschen Harry war ihr kein so attraktiver Mann mehr über den Weg gelaufen. Na ja, ein wenig hatte es hier auf Elysium zwischen Sancho und ihr geknistert. Ohne Zena wäre vielleicht nach so vielen Jahren guter Freundschaft doch noch mehr daraus geworden. Aber es war anders gekommen, und das war gut so.

Später schlenderten sie durch die weitläufigen Parkanlagen der pulsierenden Stadt, wo es auch in der Nacht nie wirklich dunkel wurde. Finn erzählte Ines Piratengeschichten. Er trat zwar etwas großspurig auf, aber damit hatte sie ohnehin gerechnet. Er nahm es auch mit Humor, als sie ihn direkt darauf ansprach. Insgesamt benahm er sich erstaunlich korrekt und äußerst charmant, sowohl beim Essen als auch im Tanzlokal. Er erwies sich als richtiger Gentleman, vom wilden, raubeinigen Räuber war nichts zu bemerken. Auch als sie sich küssten, war es eher Ines, die mehr Leidenschaft einbrachte und einforderte. Sie war fest entschlossen, mit ihm zu schlafen. Aber wo? Gehen wir zu mir oder zu dir? Diese ewige Frage war wieder aktuell.

Und Ines, mit allen Attraktionen von Elysium vertraut, hatte auch die Antwort parat: »Es gibt oben in der Orbitalstation ein Null-*g*-Hotel, mit schönen, rundum gepolsterten Zimmern, extra für Paare. Was meinst du, Finn, sollten wir uns dort einquartieren?«

Das ließ sich Finn nicht zweimal sagen. Schon im Shuttle fiel es ihnen schwer, ihre Zärtlichkeiten einigermaßen in den Grenzen des Anstands zu halten. Auch im Hotel selbst mussten sie sich noch gedulden, als sie sich von einem Servicemann die Regeln erklären ließen. Um allzu extremen Praktiken vorzubeugen, mussten die Kabinen nackt und ohne Waffen oder andere gefährliche Gegenstände betreten werden, wobei die beiden Partner getrennte Vorräume zum An- und vor allem zum Ausziehen hatten und das eigentliche Zimmer durch verschiedene Eingänge erreichten. Ihnen wurde versichert, dass die Vorschriften nicht durch Menschen, sondern nur durch künstliche Intelligenzen überwacht wurden, um größtmögliche Diskretion zu gewährleisten.

In der geräumigen Kammer ließen sie ihren Trieben freien Lauf. Die Schwerelosigkeit erlaubte die abenteuerlichsten Stellungen, und die Polsterung federte heftige Bewegungen schmerzlos ab. Immer wieder kochte nach kurzer Rast die Leidenschaft aufs Neue hoch. Der Pirat war ein hervorragender Liebhaber, der nicht zu ermüden schien.

Schließlich waren beide so erschöpft, dass sie sich für ein paar Stunden Schlaf in ihre eigenen Schiffe zurückzogen, nicht ohne für den nächsten Tag ein weiteres Treffen in diesem paradiesischen Hotel zu vereinbaren. Ines schwebte todmüde, aber überglücklich in Richtung *Lotosblüte*, wo sie Sri und Mirko kurz begrüßte, ehe sie in ihre Kabine ging. Doch sie konnte nicht gleich einschlafen. Die faszinierenden Eindrücke dieses Tages wirkten nach und ließen sich nicht abschalten. Alle ihre Sehnsüchte waren erfüllt worden, nach einem Mann, nach Abenteuer, nach Spaß. Piratin! Das wäre doch etwas. Sollte sie die *Lotosblüte* in Sris Hände legen und sich Finn anschließen? Das würde bestimmt nicht langweilig werden. Sie malte sich das Piratenleben in lebhaften Bildern aus, die in wilde, wirre Träume übergingen.

Beim Frühstück erzählte sie Sri, was sie erlebt hatte. Es tat immer gut, sich ihrer nichtmenschlichen Freundin anzuvertrauen, die durch ihre Außensicht eine gesunde Distanz vermitteln konnte. Doch diesmal ging es Ines zu weit, denn Sri zeigte sich besorgt und redete Ines heftig zu, diese Affäre zu beenden: »Erinnere dich, wie es bei Harry gelaufen ist! Du warst so von ihm überzeugt, dass du mich seinetwegen fast getötet hättest. Du konntest nicht klar denken.«

»Aber Sri, du hast leicht reden, du empfindest eben nicht so wie eine Menschenfrau.«

»Genau, ich habe leicht reden. Deshalb rede ich auch. Aus meiner Sicht mischen sich hier zwei menschliche Verhaltensmuster: einerseits die Paarung mit den starken damit verbundenen Instinkten, andererseits ein klar erkennbares Machtstreben bei ihm. Ines, ich kenne solche Typen! Sie waren lang genug meine Herren, als ich noch Sklavin war. Dieser Finn ist genau so einer. Er will dich beherrschen, er will dich seinem Willen unterwerfen. Lass die Finger von ihm!«

Ines wehrte sich gegen die Bevormundung: »Das siehst du falsch, Sri. Ich weiß genau, was ich tue. Es ist ja nicht mein erster Mann. Und er ist durchaus fähig zu rücksichtsvollem Verhalten.«

»Denk an die Möglichkeit, dass er das nur vorspielt!«

Mitten im Streitgespräch kamen Sancho und Zena herein und fragten, was los sei. Ines erzählte ihnen im Schnelldurchlauf die ganze Geschichte noch einmal.

Zena meinte nachdenklich: »Ich verstehe, dass du mit dem Typen einen Riesenspaß hast. Ich muss mich aber auch Sris Bedenken anschließen. Dieser Pirat könnte gefährlich sein. Wir wissen nicht, was er vorhat. War es wirklich Zufall, dass er dir über den Weg gelaufen ist?«

Sancho sagte: »Bei Sex und Macht setzt bei uns Menschen der Verstand aus, ich merk es ja an mir selber. Ich war gleich eingeschnappt, als Zena Verständnis dafür zeigte, dass du von so einer schillernden Persönlichkeit begeistert bist. Ein biederer Händler ist halt nicht so interessant wie ein Piratenhäuptling, ich war gleich in diesem Konkurrenzdenken drinnen. Das sind unsere Instinkte, und da tut es gut, dass wir Sri haben. Auch wenn es paradox klingt: Gerade sie, die kein Mensch ist, kann uns zeigen, was vernünftig und letzten Endes wirklich menschlich ist.«

Nachdem sich auch Mirko in das Gespräch einklinkte und in die gleiche Richtung argumentierte, fühlte sich Ines vollends in der Defensive. Sie hatten ja alle keine Ahnung! Andererseits waren es ihre Freunde, und sie vertraute darauf, dass sie es gut mit ihr meinten. War vielleicht doch etwas dran an ihren Bedenken? Musste sie sich vor diesem charismatischen Mann in Acht nehmen? Sie war fest entschlossen, ihn weiterhin zu treffen. Sie fühlte sich einfach zu stark zu ihm hingezogen, auch wenn die hundertprozentige, euphorische Begeisterung ein paar Kratzer abbekommen hatte.

Immerhin konnte sie nun ohne Zorn antworten: »Ich finde es ja lieb, dass ihr euch Sorgen um mich macht. Das heißt ja auch, dass ich euch nicht egal bin. Aber für mich ist dieses Abenteuer noch nicht zu Ende. Ich verspreche euch, dass ich gut auf mich aufpasse. Wenn er zudringlich oder gewalttätig wird, gehe ich einfach.«

Zena strich Ines unvermutet über die Augenbraue. Offenbar hatte sie die Stelle bei ihrer engen Aussprache im Tanzlokal entdeckt. Das schien Ines nach dem, was inzwischen passiert war, schon wieder ganz fern.

Jetzt aber fragte Zena: »Hattest du hier einmal ein Piercing?«

»Ja, das ist zwar schon eine Weile her, es ist aber noch nicht zugewachsen. Warum fragst du?«

»Ich hätte da etwas für dich! Warte einen Moment!«

Sie verschwand in ihrer Kabine und kam mit einem kleinen Ring zurück, an dem ein Schmuckstein saß. »Dieser Stein wechselt, wenn du das so einstellst, die Farbe. Sieh her!« Sie hielt den Ring in die Höhe, er zeigte faszinierende, irisierende Lichtspiele. »Aber deshalb habe ich ihn nicht geholt. Er hat auch einen kleinen Sender eingebaut. Siehst du, hier kannst du ihn aktivieren.« Sie zeigte Ines die Stelle. »Wenn dieser Finn brutal werden sollte, ruf uns damit! Wir kommen dann und holen dich raus.«

38 | Kein braves Mädchen

Diesmal war Ines vor Finn da. Aufgeregt nestelte sie an ihren Haaren herum, während sie vor dem Eingang zum Hotel auf ihn wartete.

Sie trafen sich schon zum dritten Mal. Gestern hatten sie es wieder exzessiv miteinander getrieben. Die Befürchtungen ihrer Freunde waren unbegründet geblieben, Finn hatte sich tadellos benommen und stets ihre Grenzen respektiert.

Nun tauchte er am Ende des Ganges auf und winkte ihr lachend zu.

Aber irgendetwas war anders. Ines hatte ein eigenartiges, unangenehmes Gefühl, das sich noch verstärkte, als er sich näherte. In seinem Blick lag ein unruhiges Flackern, eine nur mühsam verdeckte Unruhe oder Aggressivität.

Schon von Weitem rief er ihr zu: »Warte noch mit dem Hineingehen! Ich habe eine bessere Idee.«

»Was meinst du, Finn?«

»Ich will dir mein Schiff zeigen. Ich habe meine Crew auf Landurlaub geschickt. Die fahren alle ins Vergnügungszentrum hinunter. Wir haben sturmfreie Bude!«

Darum ging es ihm also! Deswegen war er so komisch gewesen. Ines überlegte. Das hörte sich ja recht spannend an. Sie hätte gern einmal gesehen, wie es auf einem Piratenschiff so aussah, vor allem im Schlafzimmer des Kapitäns.

Doch dann bekam sie es mit der Angst. Die Warnungen ihrer Freunde kamen ihr in den Sinn. Auf seinem Schiff wäre sie diesem faszinierenden, aber auch gefährlichen Mann auf Gedeih und Verderb ausgeliefert.

»Danke für das Angebot, aber das möchte ich heute lieber nicht.«

»Na komm, lass dir diese Chance nicht entgehen. Nur du und ich! Auf dem schönsten Piratenschiff der Galaxis!«

Ines schüttelte den Kopf. »Gehen wir wieder ins Hotel. Ich verspreche dir, du wirst es nicht bereuen.«

»Na schön, du hast gewonnen. Begleite mich nur noch zur Andockstelle! Dort könnten wir meine Leute treffen. Die sollten sich ja gleich auf den Weg zum Shuttle machen. Ich stelle sie dir noch kurz vor und dann ab ins Hotel. Einverstanden?«

»Einverstanden!«

Ines war ohnehin neugierig auf Finns Mannschaft, und in den Gängen der Raumstation fühlte sie sich einigermaßen sicher. Deshalb traute sie sich, ihn zu begleiten.

Ein paar Korridore weiter kamen mehrere Leute aus einer offenen Luke. Finn rief ihnen zu: »Wartet noch! Ich möchte euch jemanden vorstellen.«

Als sie die Gruppe erreicht hatten, fuhr er fort: »Das ist Ines, Kommandantin der *Lotosblüte*. Während ihr euch unten vergnügt, veranstalte ich mit ihr ein kleines Kapitänstreffen.«

Alle grinsten, ein riesiger, breitschultriger Mann lachte dröhnend auf. Finn wandte sich schmunzelnd an ihn: »Knut, benimm dich! Wir sprechen mit einer Lady. Ines, das ist Knut, mein Erster Offizier. Aber jetzt, Leute, ab mit euch! Viel Spaß auf Elysium! Lasst es krachen!«

Als sie verschwunden waren, sagte Ines: »So, und jetzt gehen wir …«

»Nein!«, rief Finn. »Du bleibst hier!« Er packte sie am Arm, zog sie blitzschnell durch die Tür und schloss das Schott.

Ines blieb vor Panik die Luft weg. Was hatte er vor? Was konnte sie tun? Der Notruf! Sie drückte das Piercing an ihrer Augenbraue. Würden ihre Freunde sie herausholen können?

Im Augenblick sah es nicht so aus. Finn zerrte sie weiter. Sie wand sich heftig, konnte seinen Griff aber nicht lösen. Währenddessen schrie er: »So, du Schlampe! Wir hatten unseren Spaß, jetzt ist Schluss! Jetzt spielen wir nach meinen Regeln!«

Ines zischte: »Lass mich los, du Arschloch!«

Endlich konnte sie sich befreien. Sie schaffte es sogar, sich bis zum Ausgang zu hangeln. Weiter kam sie nicht.

»Das ist für das Arschloch!« Finn schlug ihr hart ins Gesicht. Vor Schmerz konnte sie kaum klar denken. Tief durchatmen! Er zog sie durch die nächste Tür. Verschwommen sah sie eine geräumige Schlafkabine. Mit Entsetzen erkannte sie an den Betträndern Gurte zum Fixieren von Händen und Füßen. Der brutale Kerl hatte seinen Schlafraum zu einer richtigen Sadomasokammer umgebaut. Extra für sie? Oder machte er so was öfter? Dieses perverse Dreckschwein!

Finn drückte ihre Arme in die Fesseln.

Als er versuchte, die Gurte zu schließen, nahm sie ihre letzte Kraft zusammen, winkelte das Bein an und rammte ihren Fuß in Finns Genitalien. Mit einem Aufschrei taumelte er zurück, Ines driftete in die Gegenrichtung davon.

Mit wutverzerrter Stimme brüllte Finn: »Das reicht! Du gehörst mir! Niemand stellt sich gegen mich! Ich bring dich um!«

Noch im Schweben zog er ein Messer und fuchtelte wild damit herum. Ines trieb hilflos im Raum, der Ohnmacht nahe. Plötzlich spürte sie einen stechenden Schmerz am Bein. Finn hatte sie erwischt.

Jetzt war es aus. Ines war zu keiner Gegenwehr mehr fähig. Am ganzen Körper zitternd wartete sie auf ihr Ende.

»Verdammte Kybernetin!« Das war doch Finns Stimme! Was sagte er da? Ines blickte auf. Finn starrte verblüfft auf eine verschmorte, rauchende Stelle auf seinem Handrücken. Das Messer war ihm entglitten.

Ines erkannte Zena in der Tür, die ihren Zungenlaser erneut aufzischen ließ. Finn hatte wieder Halt gefunden und konnte sich hinter einer Schranktür verschanzen.

Auch Sancho war da, mit einer Waffe in der Hand. Wie in Trance bekam Ines gerade noch mit, wie Zena sie zur Tür zog, während Sancho Finns Deckung mit Dauerfeuer belegte. Dann schwanden ihr die Sinne.

39 | Flucht

Mirko war der Verlust seines Körpers wieder schmerzlich bewusst geworden, als sich seine Freunde unten in der Stadt vergnügten. Vielleicht würde er eines Tages über einen Androidenkörper verfügen. Doch das war Zukunftsmusik, im Augenblick blieb ihm nur, sich gründlich im Cyberspace umzusehen. Das planetare Computernetzwerk von Elysium war gut gesichert, konnte aber der geballten Kraft von Ben und Mirko nicht lange widerstehen. Hier liefen mehrere spannende VR-Spiele, die seine virtuelle Existenz wieder etwas erträglicher machten.

Dann kam der Alarm von Zena: »Ines hat's erwischt! Mirko, Sri, macht die *Lotosblüte* startklar!«

»Verdammt, sie hätte auf uns hören sollen!« Mirko hatte Zugriff auf die Überwachungskameras erlangt und auch den Plan der Orbitalstation komplett erfasst. Eine der Kameras zeigte Zena und Sancho vor der Andockstelle des Piratenschiffs. Binnen Millisekunden hatte Mirko das Schott entriegelt. Zena stürmte voran und meldete sich gleich wieder: „Er hat innen auch zugemacht. Kriegst du das auf?"

Das war eine harte Nuss, denn der Computer der *Fenriswolf* war besser geschützt als das Stationsnetz. Mirko brauchte die kleine Ewigkeit von 2.721 Sekunden, bis er ihn geknackt hatte. Danach konnte er über Zenas Augenkamera die Befreiungsaktion live mitverfolgen. Als sie Ines herausgebracht hatten, schaffte es Mirko gerade noch rechtzeitig, die Tür wieder zu verriegeln. Unmittelbar danach warf ihn der Fenriswolfcomputer wieder hinaus.

Er schaltete wieder auf die Stationskameras. Zena und Sancho schoben und zogen die ohnmächtige Ines durch die schwerelosen Korridore.

»Zena, siehst du das Gitter links vor dir? Es führt in einen Wartungsgang. Ihr geht drinnen bis zur ersten Abzweigung geradeaus, dann weiter in Richtung Andockrampen, dort sollte ein schriftlicher Hinweis stehen. Vor Schleuse 37 müsst ihr durch ein gleichartiges Gitter wieder heraus.«

Er sah, wie Sancho die Klappe öffnete und von innen wieder schloss, nachdem Zena Ines hineingezogen hatte. Mehr konnte er vorerst nicht für sie tun, im Wartungsgang gab es keine Kameras.

Inzwischen fuhr er rasch die Systeme der *Lotosblüte* hoch.

Endlich! Die drei tauchten vor dem Raumschiff auf. Mirko ließ sie ein, schloss die Luke und legte ab.

Sie brachten die in eine Decke gewickelte Ines gleich in die kleine Krankenkabine der *Lotosblüte*. Dort erkannten sie den Grund, warum Ines noch immer bewusstlos war. Um die Schnittwunde, die Finns Messer an ihrem Bein hinterlassen hatte, breitete sich eine heftige Entzündung aus. Das Messer war offenbar vergiftet oder infiziert gewesen. Der medizinische Scanner diagnostizierte eine üble Art nanotechnisch aufgerüsteter Viren. Mirko bekam die Misere über die Innenkameras mit.

»Dieser verdammte Pirat!«, rief Zena. »Gegen solche Viren haben wir nichts hier.«

»Wenn wir bloß einen Arzt zur Hand hätten!«, sagte Sancho, »Wir können nur versuchen, Ines mit unserer Notausrüstung zu stabilisieren. Aber wie lang wird das gut gehen? Und was dann?«

Zena überlegte: »Die Klinik auf Enana hat gute Leute und eine recht leistungsfähige medizinische KI.«

Sri entgegnete: »Ich habe eine bessere Idee. Zu meinen Freunden auf Neuirland sind es ein paar Sprünge weniger. Ihre Krankenstation ist zwar nicht so gut bestückt, aber es gibt jetzt dort die Karrzha mit ihrem enormen biotechnischen Können. Die helfen uns sicher.«

»Alles klar!«, verkündete Mirko, noch bevor Sri den Startbefehl erteilte. Ein bisschen Kommandant steckte noch immer in ihm. »Auf geht's!« Er hielt mit maximaler Beschleunigung auf den Sprungpunkt zu.

Aber nicht nur er. Die Schiffssensoren erfassten ein Objekt auf Verfolgungskurs. Mirko machte sofort Meldung. Sri, die jetzt das Kommando hatte, befahl: »Mirko, volle Kraft voraus! Waffen bereit machen! Wir kämpfen aber nur, wenn wir müssen. Vielleicht können wir sie abhängen.«

Während sich Sancho und Zena um die fiebernde Ines kümmerten, eilte Sri in den Maschinenraum, um noch mehr aus den Triebwerken herauszuholen. Tatsächlich schloss die *Fenriswolf* nun langsamer auf, blieb ihnen aber auf den Fersen. Sie mussten noch vier Sprungpunkte passieren, bei denen sie ihre Verfolger aber nicht abschütteln konnten. Von Mal zu Mal verringerte sich der Vorsprung der *Lotosblüte*.

Schließlich kamen die Piraten in Schussweite. Mirko vermisste jetzt Ines auf der Brücke, sie hätte sicher gute Ausweichmanöver auf Lager gehabt. Er hatte zwar alle Kontrollen direkt im Griff, seine ausgetüftelte Steuerkonsole mitsamt VR-Brille war unnötig geworden, seit er selbst Teil der virtuellen Realität geworden war. Er war aber kein erfahrener Pilot, außerdem musste er sich um die Waffen kümmern. Obwohl er eins mit dem Computer war, fiel es ihm unerwartet schwer, sich auf mehrere Dinge zugleich zu konzentrieren.

Genau diese Fähigkeit musste er aber unter Beweis stellen, als die *Fenriswolf* zu feuern begann. Vorerst setzte sie nur leichte, weitreichende Strahlenwaffen ein, um die Triebwerke der *Lotosblüte* lahmzulegen. Mirko warnte die Crew: »Zena, Sancho, schnallt Ines gut an und sichert euch selbst! Sri, halt dich fest! Sie sind da. Es könnte holprig werden.«

Er schoss noch nicht zurück, sondern reagierte vorerst mit möglichst unvorhersehbaren Ausweichmanövern.

Doch dann war die Zeit reif für seine Trumpfkarte, eine Spezialrakete, die Sancho und Sri in den Sculptor-Anlagen nach seinen Angaben gebaut hatten. Er jagte das Projektil durch das Abschussrohr, es detonierte in unmittelbarer Nähe der *Lotosblüte*. Was den Verfolgern wie ein Fehlschuss vorkommen musste, war geplant. Die Explosionswolke enthielt einen Cocktail aus Metallsplittern, Gasmolekülen, Ionen und winzigen Störsendern, mit denen die gegnerischen Sensoren geblendet werden sollten. Mitten im elektromagnetischen Chaos flog Mirko ein hartes Wendemanöver und bremste mit voller Triebwerksleistung. Als sie aus der Einnebelung herauskamen, war die *Fenriswolf* schon an ihnen vorbeigezischt, Mirko hatte ihre Düsen auf dem Präsentierteller. Er nahm sie sofort unter Beschuss und landete einen Treffer.

Zum Triumphieren blieb aber keine Zeit, denn der Gegner hatte auch heckseitig einiges an Feuerkraft zu bieten. Ein Einschlag am Rumpf der *Lotosblüte* ließ heftige Vibrationen durch das ganze Schiff laufen. Glücklicherweise blieben die Triebwerke heil, so konnten sie noch weiter beschleunigen, die Verfolger mit ihren beschädigten Maschinen fielen zurück. Mirko hatte inzwischen den letzten Sprungpunkt geortet, langsam bekam er Übung im Multitasking. Sie erreichten das Portal nach zwölf Stunden, er lotste das Schiff schneller hindurch als üblich, dabei wurden sie noch einmal kräftig durchgerüttelt.

Sie überstanden den Dimensionssprung aber ohne weiteren Schaden. Mirko flog noch einen Tag mit maximaler Kraft, zuerst zum Beschleunigen und dann zum Bremsen. So konnten sie ihren Vorsprung weiter ausbauen, bevor endlich der Grüne Planet in Sicht kam.

40 | Eine ungewöhnliche Patientin

»Istra, hast du ihnen nicht zu viel versprochen?«, fragte die Ärztin. »Wie sollen wir eine Menschenfrau heilen? Wir haben schon für uns nur das Allernötigste hier.«

»Wir werden es versuchen. Sri hat mir im Funkgespräch gesagt, es geht um eine Infektion mit Nanoviren. Vielleicht können wir einen ähnlichen Antikörper entwickeln wie bei den Karrzha-Sporen.«

»Na schön, sehen wir es als medizinische Herausforderung. Mit Humanoiden habe ich überhaupt keine Erfahrung.«

»Ich schon, ich musste in meiner Sklavenzeit in einem Lazarett eine Menge verletzte Söldner zusammenflicken. Anatomie und Stoffwechsel der Zweibeiner habe ich noch ganz gut im Kopf. Sri hat auch ihre Hilfe zugesagt, sie kennt diese Spezies besser als wir alle.«

Eine Bewegung am Rand seines Gesichtsfelds ließ Istra aufblicken. Am Himmel erschien ein fliegendes Objekt, das sich rasch näherte. Das Shuttle von der *Lotosblüte* landete mit fauchenden Triebwerken auf einem flachen Wiesenstück gleich hinter der Krankenstation. Sri, die gesteuert hatte, stieg aus. Istra und die Ärztin halfen ihr, Ines mitsamt den angehängten Infusionsschläuchen und Sensorkabeln in die kleine Klinik zu befördern, die glücklicherweise über eine Hintertür verfügte. Beim Anblick der ohnmächtigen Patientin hatte Istra für ein paar Augenblicke ein ganz ungutes Gefühl. Zu lang hatte er keine Menschen mehr gesehen, und zu sehr hatte er vorher unter ihnen leiden müssen. Doch die düstere Stimmung verflog rasch, diese Menschenfrau sah weder böse noch gefährlich aus, sondern vor allem krank, sehr krank.

Sie ließen Ines auf der Trage liegen, denn es gab keine Krankenbetten für Menschen. Ines wachte kurz auf und redete wirres Zeug. Das einzige verständliche Wort war »Wasser«. Istra flößte Ines vorsichtig etwas ein, doch sie erbrach es sofort wieder.

»Sieht nicht gut aus«, sagte die Ärztin. »Ohne laufende Infusionen wird sie dehydrieren.«

Sri brachte noch mehrere Flaschen Kochsalzlösung und Nährflüssigkeit aus dem Shuttle, während Istra Ines Blut abnahm und untersuchte. »Schlechte Nachricht, Sri! Für diesen Typ Nanovirus muss man die Antikörper maßgeschneidert produzieren, dafür haben wir nicht die Ausrüstung. Wir müssen die Karrzha um Hilfe bitten.«

Sri und Istra eilten in das Ratsgebäude zu den beiden Karrzha-Delegierten und brachten ihr Anliegen vor. Sie reagierten anfangs reserviert: »Wir sehen keinen Grund zu helfen. Wir Karrzha sind zwar zur Zusammenarbeit mit anderen Spezies bereit, auch mit den Menschen, wir sind aber nicht dafür zuständig, ihre medizinischen Probleme zu lösen.«

Sri entgegnete: »Es geht nicht um irgendwelche Probleme. Dies ist ein ganz besonderer Fall. Bei den Menschen spielen die Individuen eine größere Rolle als bei euch oder bei uns. Und dieser Mensch ist nicht irgendeiner, er ist der insektoidenfreundlichste, den ich je kennenlernen konnte. Diese Menschenfrau, sie heißt Ines, ist darüber hinaus meine Freundin.«

Istra war fasziniert, wie sehr sich Sri ins Zeug legte. Die Rolle der Vermittlerin lag ihr.

Sie fuhr fort: »Erinnert euch doch! Es war euer Schwarm, der die erste friedliche Begegnung mit Menschen hatte. Ich hatte damals die Ehre, euch das Friedensangebot meiner Kommandantin zu überbringen. Diese Frau hat die Kooperation zwischen Menschen und Karrzha begründet. Bitte helft, ihr Leben zu retten!«

Die Karrzha nahmen Funkkontakt mit ihrem Mutterschiff auf. Nach einigen Minuten verkündeten sie: »Der Schwarm sagt Hilfe zu. Führt uns zu dem kranken Individuum!«

Istra fiel auf, dass sie nicht »Ines« sagten. Er vermutete, dass ihnen das Konzept individueller Namen fremd war.

Sie sahen sich Ines an, überprüften die Blutprobe und sichteten die bisherigen Aufzeichnungen. »Für diesen Typ von künstlich hergestellten Nanoviren brauchen wir die Gentechniklabors im Mutterschiff, um ein Gegenmittel herzustellen.«

Sie packten das Röhrchen mit dem Blut vorsichtig ein und flogen ab, den anderen blieb nichts als zu warten.

Stunden vergingen, Ines' Zustand verschlechterte sich. Ihr Herz raste, ihre Temperatur stieg weiter an.

Die Ärztin sagte leise: »Ich weiß nicht, was wir noch machen können. Wenn die Karrzha nicht bald kommen, stirbt sie.«

41 | Piraten im Anflug

Doch die Rettung ließ auf sich warten. Die Sorge um ihre todkranke Freundin brachte Sri an den Rand der Verzweiflung. Auf fremde Hilfe angewiesen zu sein, ohne selbst etwas tun zu können, ertrug sie nur schwer.

Dabei war Ines' alarmierender Zustand nicht das einzige Problem. Noch vor der Rückkehr der Karrzha wurde Istra in die Kommandozentrale geholt. Ein Raumschiff war geortet worden. Sri war klar, dass es sich nur um die *Fenriswolf* handeln konnte, und nachdem sie Ines ohnehin nicht helfen konnte, begleitete sie Istra. Ein Raumkampf stand bevor, und Sri wollte die Ortho und vielleicht auch die Karrzha überzeugen, für die *Lotosblüte* Partei zu ergreifen. Im All standen weitere Menschenleben auf dem Spiel.

Eine kleine Galgenfrist blieb ihnen noch, denn Finn war weitab von der *Lotosblüte* in die Umlaufbahn eingeschwenkt. Im Augenblick verschwand er gerade von den Radarschirmen und tauchte in den Sicht- und Funkschatten des Planeten ein.

Istra wandte sich aufgebracht an Sri: »Dieser Pirat hat uns noch gefehlt! Ihr hättet das Synchronit nicht herbringen sollen.«

Sri antworte aus Überzeugung: »Das sehe ich inzwischen auch so. Wenn Ines wieder gesund ist, werde ich ihr vorschlagen, den gesamten Vorrat wieder an Bord zu nehmen.«

»Da gibt es nichts vorzuschlagen! Ihr packt das Zeug wieder ein und verschwindet! Die Zweibeiner haben genug Unfrieden hergebracht.«

Sri spürte die wachsende Feindseligkeit bei Istra, andere Ortho mischten sich mit noch radikaleren Ansagen in das Gespräch. Sri sollte Ines sofort mitnehmen, gesund oder nicht. Von Menschen sei einfach nichts Gutes zu erwarten.

Immerhin beruhigte sich Istra wieder etwas und erklärte Sri einen weiteren Grund für die wachsende Unruhe: »Unsere Orbitalwache hat ihre Umlaufbahn nahe der *Fenriswolf*. Wir sorgen uns um sie.«

»Orbitalwache?«

»Ja, das ist unser neues Projekt, in Zusammenarbeit mit den Karrzha. Sie haben uns eine ihrer kleinen Flugeinheiten zur Verfügung gestellt. Sie kreist mit einer Ortho als Besatzung auf einer niedrigen Umlaufbahn und hilft, nach Sklavenjägern und anderem anfliegenden Gesindel Ausschau zu halten.«

»Menschengesindel eben!«, rief jemand dazwischen.

Istra ignorierte den Einwurf und fuhr fort: »Unsere Astronautin ist erst kurz oben und muss sich noch an das Karrzha-Fluggerät gewöhnen. Auch die Liege, die Anzeigen und die

Steuerung müssen wir noch anpassen, Sensorik und Bewaffnung sind erst im Aufbau. Im Augenblick hat sie gegen ein anderes Raumschiff keine Chance.«

Vom Radarschirm kam die Meldung: »Die Orbitalwache taucht aus dem Funkschatten auf!«

Istra, der schon ans Funkgerät getreten war, versuchte sofort, Kontakt aufzunehmen, bekam aber keine Verbindung. Sie mussten mit dem Schlimmsten rechnen.

Die Stimmung in der Zentrale verschlechterte sich rasch. Sri konnte nur zu gut nachvollziehen, dass die Ortho die Menschen für den möglichen Verlust ihrer Weltraumwächterin verantwortlich machten, und zwar alle Menschen. Wieder einmal fühlte sie sich ins Niemandsland zwischen völlig verschiedenen und nun sogar verfeindeten Welten versetzt.

Unvermittelt sprang die Tür auf. Alarmiert wandte Sri den Kopf und erkannte zwei Karrzha. Brachten sie gute oder schlechte Nachrichten?

Sie sahen sich zuerst aber nur um. Sri platzte fast vor Ungeduld. Endlich forderten die beiden Istra und Sri auf, ihnen zur Krankenstation zu folgen. Sofort fragte Sri, ob sie das Gegenmittel hätten.

Sie antworteten: »Ja, aber für die Anwendung brauchen wir eure Hilfe.«

Das bedeutete Hoffnung für Ines! Überschwänglich dankte Sri den Karrzha.

Eine der beiden erwiderte: »Wir stehen zu unserem Wort, die Heilung dieses Menschen zu unterstützen.«

Die andere Karrzha fuhr fort: »Wir haben auch von den Vorfällen in der Umlaufbahn erfahren. Für eure Orbitalwache dürfte wohl jede Hilfe zu spät kommen. Und was die Menschenraumschiffe betrifft, sind wir uns mit den Ortho einig, keines von ihnen im Kampf zu unterstützen.«

Die Erste ergriff wieder das Wort: »Dies ist ein Menschenkonflikt, den die Menschen auch selbst lösen müssen. Das gilt in diesem Fall ganz besonders, denn hier geht es um Egoismus und Gier, damit wollen wir nichts zu tun haben.«

Bevor Sri etwas entgegnen konnte, waren sie bei der Krankenstation angelangt. Die Ärztin rief aufgeregt: »Schnell, helft uns! Die Karrzha haben einen Antikörper hergestellt, aber viel zu wenig. Istra, du hast schon mit dem Replikator von der *Lotosblüte* experimentiert. Er ist unsere einzige Chance auf eine ausreichende Dosis des Heilmittels.«

Ines lag fiebernd auf ihrem provisorischen Krankenbett. Mit ihren kurzen, flachen Atemzügen im Ohr versuchten Istra und Sri, den Replikator für die Vervielfältigung der rettenden Substanz zu programmieren. Die beiden Karrzha sahen interessiert zu und zeigten bald durch aktive Mitarbeit, dass sie die Funktionsweise des Geräts zu verstehen begannen. So gelang es innerhalb einer halben Stunde, die Sri wie eine Ewigkeit vorkam, genug vom Gegenmittel gegen Ines' Nanoviren zu erzeugen. Die Ärztin verabreichte es der Kranken.

42 | Grausamkeit

Istra eilte zurück zur Zentrale. Auf dem Weg über den Hof versuchte er mit mäßigem Erfolg, die aufgebrachte Menge zu beruhigen.

Er kam gerade rechtzeitig. Die *Fenriswolf* war wieder auf dem Radar aufgetaucht, jetzt kam ein Bildsignal herein. Auf dem Schirm erschien ein Mensch, ein kräftiger, groß gewachsener Mann mit langen schwarzen Haaren.

»So, werte Krabbelviecher!«, rief er. »Jetzt rückt schön mein Synchronit heraus, aber flott!«

Istra übernahm als Koloniesprecher die Verhandlungsführung: »Welches Synchro...«

»Verarsch mich nicht, Kakerlake!«, brüllte der Pirat. »Eure Funkgespräche hört man ja durch die ganze Galaxie! Ihr habt das Zeug, und ihr werdet mir ganz schnell verraten, wo ich es finde. Euer Freund aus dem kleinen Spielzeugschiffchen wollte es uns nicht sagen.«

Die Kamera schwenkte auf eine gefesselte Ortho. Sie lebte, war aber übel zugerichtet, mit geknickten Fühlern und Wunden am ganzen Körper.

Istra war entsetzt. Solche rohen Menschen kannte er nur zu gut aus seiner Sklavenzeit. Er versuchte, gefasst zu bleiben. Jetzt ging es einmal darum, Zeit zu gewinnen. »Lass den

Unsinn, Zweibeiner. Du kannst sie zu Tode foltern, ohne dass du etwas erfährst. Sie weiß nicht, wo das Synchronit ist, genauso wenig wie ich. Das Versteck wurde streng geheim gehalten, nur ganz wenige wissen Bescheid. Es wird einige Zeit brauchen, bis ich es herausfinde.«

»Na schön, das klingt glaubwürdig. Ich hätte es auch so gemacht. Du hast zehn Minuten, dann sagst du mir die Position, sonst stirbt unser Gefangener. Und damit ihr es euch merkt: Knut, dein Auftritt!«

»Mit Vergnügen, Käpt'n!« Ein vierschrötiger Mann ging auf die Geisel zu und begann, ihr das rechte Mittelbein auszureißen. Als er mit bloßen Händen nicht weiterkam, nahm er eine Machete zu Hilfe.

Istra unterbrach die Verbindung, das war zu viel. In der Zentrale brach ein Tumult los. Die zornigen Ortho riefen durcheinander: »Drecksmenschen! Verfluchte Sklaventreiber! Tötet sie! Alle!«

Gegen den Lärm ergriff Istra das Wort: »Ruhe, meine Freunde, Ruhe! Wir wollen doch die Wächterin nicht verlieren. Noch haben wir eine Chance, dass er sie lebend ausliefert. Wir geben dem verdammten Piraten einfach die Koordinaten, dann bekommen wir unsere Gefangene wieder und sind ihn los. Und das Synchronit auch.«

Die Karrzha-Delegierten meldeten sich zu Wort: »Es gibt noch eine andere Option. Wir könnten das Piratenschiff sofort abschießen. Das würde zwar die gefangene Ortho auch töten, aber der Tod eines Individuums ist in Kauf zu nehmen, wenn es dem Schwarm als Ganzes dient.«

Einige Ortho sekundierten: »Jawohl! Schießt sie ab, und das andere Menschenschiff gleich dazu!«

»Nein!«, erwiderte Istra. »Wir sind zwar auch Schwarmwesen, aber wir geben einzelne Artgenossen nicht so einfach auf. Wir stehen zusammen, wenn eine der unseren in Not ist! Holen wir sie dort heraus! Geben wir ihm das Synchronit! Noch ist es nicht zu spät.«

Mit diesem Appell konnte Istra die anderen Ortho überzeugen. Er funkte die *Fenriswolf* an und gab die Position der Höhle durch, in der das Synchronit versteckt war. Der Kapitän zeigte sich zufrieden: »Na also, geht doch!«

Der andere Pirat rief grimmig: »So, dann erlösen wir dich von deinen Leiden!« Er ging auf die gefesselte und verstümmelte Ortho zu und schoss aus unmittelbarer Nähe mit einer Strahlenwaffe, die den Kopf der Gefangenen regelrecht pulverisierte.

Der Piratenkapitän schrie auf: »Knut, was zum Teufel …!«

Dann brach die Verbindung ab.

Istra stimmte in den vielstimmigen Entsetzensschrei ein, der durch die Zentrale hallte. Die Karrzha merkten in ihrer kühlen Art an: »Jetzt gibt es keinen Grund mehr zur Schonung. Wir werden das Piratenschiff mit allen Mitteln bekämpfen, vom Boden aus und auch mit gut bewaffneten Kampfeinheiten.«

Die Ortho riefen: »Gut, und vergesst das andere Schiff nicht. Auch dort sind Menschen an Bord! Die brauchen wir hier nicht! Menschen raus!«

Einer ergänzte: »Wir haben eine der zweibeinigen Bestien ganz in der Nähe! Auf zur Krankenstation! Menschen raus!«

Es gelang Istra nicht, sie zu beschwichtigen, sie drängten schon zur Tür hinaus. Istra hastete ihnen nach, um einen Lynchmord zu verhindern. Zumindest wollte er es versuchen.

43 | Keine Zeit für Erholung

Als Ines aufwachte, spürte sie sofort, dass ihre Heilung gelungen war. Aber seelisch ging es ihr nicht gut. Die vage Erinnerung an den fiebrigen Dämmerzustand drückte auf ihr Gemüt wie böse Träume, deren düstere Stimmung auch nach dem Erwachen noch nachwirken kann. Ines stand vorsichtig auf und streckte die Glieder. Die Schmerzen waren weg. Sie würde noch einige Stunden Schlaf brauchen, dann wäre sie zumindest körperlich vollkommen wiederhergestellt.

Doch dafür blieb keine Zeit. Istra stürmte herein und schloss die Tür hinter sich ab. Von draußen war wütendes Gezirpe zu hören. Istra rief: »Ines, du musst weg! Sie wollen dir an den Kragen. Geh durch die Hintertür zum Shuttle und schließ dich dort ein! Wenn nötig, flieg davon! Wir versuchen inzwischen, die anderen aufzuhalten.«

Mit schwankenden Schritten lief Ines zur Fähre und schloss die Luke. Sie hatte gerade genug Zeit für die Startsequenz, als schon einige der großen Heuschrecken um das Haus herum näher hüpften. Die Triebwerkszündung hielt sie auf Abstand, das Fluggerät gewann rasch an Höhe. Ines funkte die *Lotosblüte* an, Zena meldete sich: »Großartig, du bist wieder da! Ines, es tut gut, deine Stimme zu hören. Aber wenn du zu uns willst, solltest du dir das gut überlegen. Hier oben wird ziemlich wild geschossen.«

Nun war Mirko zu hören: »Hallo, Ines! Zena hat recht, ich kann mit meiner Ballerei die Piraten gerade noch einigermaßen in Schach halten. Halt! Mein Radar zeigt ein kleineres Flugobjekt, das sich von der *Fenriswolf* entfernt. Kurs – nicht auf uns, es fliegt zur Oberfläche hinunter – nicht auf die Kolonie zu, sondern weiter westlich.«

»Die Schatzinsel!«, rief Ines. »Das ist Finn! Wie hat er nur die Position herausgefunden? So nicht, mein Freund! Dich schnapp ich mir!«

Sie setzte Kurs auf die Insel.

Zena wandte ein: »Willst du das wirklich tun? Du musst dich sicher noch erholen, und dass der Kerl zu allem fähig ist, brauche ich dir ja nicht zu sagen.«

»Ich weiß, aber das ziehe ich jetzt durch. Ich habe euch diese Suppe eingebrockt, jetzt löffle ich sie auch aus.«

Ines raste los, so schnell es innerhalb der Atmosphäre möglich war. Ein kurzer ballistischer Flug ins Weltall wäre schneller gewesen, sie beherzigte aber die Warnungen und hielt sich von den Kämpfen fern.

Zena hatte natürlich recht, Ines war noch erholungsbedürftig. Zweimal wurde ihr bei heftigen Beschleunigungsphasen richtig schwindlig. Sie musste bewusst tief atmen, um nicht ohnmächtig zu werden. Sollte sie den Kampf wirklich wagen? Noch konnte sie abdrehen.

Nein! Diese Gelegenheit durfte sie sich nicht entgehen lassen. Mit grimmiger Entschlossenheit setzte sie den Anflug fort.

Die Insel kam in Sicht, das vergrößerte Kamerabild zeigte Finns Shuttle, das er nahe der Höhle geparkt hatte. Er verfügte offenbar über die genauen Koordinaten. Ines flog eine Schleife und landete auf der anderen Seite des Höhenrückens, in dessen Inneren das Synchronit versteckt war. Beim Aussteigen zitterten ihre Knie ein wenig, aber der Zorn auf den brutalen Räuber verschaffte ihr einen kräftigen Adrenalinstoß. Sie umrundete den Berg und pirschte sich mit gezogener Waffe an.

44 | Meinungsbildung

Der Karrzha-Schwarm war unschlüssig über die weitere Vorgehensweise. Wie sollten sie mit der Uneinigkeit ihrer insektoiden Verbündeten umgehen? Einige forderten die Vernichtung aller Menschenraumschiffe, die anderen, vor allem das Individuum mit der Bezeichnung Sri, sprach für die Menschen, wie schon bei ihrer ersten Begegnung im Sagittarius-Sektor. Diesmal aber machte sie einen scharfen Unterschied zwischen den Vertretern der Zweibeiner, wobei sie die einen als gut und die anderen als böse darstellte. Sie wies darauf hin, dass die Menschen vom Raumschiff *Lotosblüte* immer die Zusammenarbeit gesucht hätten, während der Pirat nicht vor Erpressung und Folter zurückschreckte, was dem kooperativen Geist der Karrzha zuwider war.

Erneut waren die Karrzha mit der ungewohnten und unverständlichen Individualität einer anderen Spezies konfrontiert, mehr noch als bei den Ortho. Aber Sri konnte ihre Argumente mit Fakten untermauern. Große Unterschiede zwischen den einzelnen Menschen waren ganz offensichtlich eine Eigenschaft ihrer Rasse. Das Kollektiv folgerte daraus, sie differenziert zu behandeln und nicht, wie manche Ortho forderten, unterschiedslos zu vernichten.

Im Karrzha-Schwarm wogten die Meinungen hin und her, eine Gruppe um die Mutterkönigin, die besonderes Vertrauen in Sri gefasst hatte, gab letztlich den Ausschlag, Sris Position zu unterstützen. Die Delegierten wurden beauftragt, der Kolonie diese Entscheidung mitzuteilen. Daraufhin setzte sich bei den Ortho die Fraktion um Sri und Istra durch. Die Menschengegner stimmten widerstrebend zu und konzentrierten ihren Groll nun ganz auf die Piraten.

Ab jetzt würden die Karrzha die *Lotosblüte* nicht nur verschonen, sondern auch im Kampf unterstützen. Sie fuhren die Geschütze im Mutterschiff hoch, die Vorbereitungen für den Start einer schwer bewaffneten Kampfeinheit waren ohnehin schon weit fortgeschritten. Ihr Marschbefehl lautete, die *Fenriswolf* zu vernichten.

45 | Raumkampf

Mirko hatte alle virtuellen Hände voll zu tun. Die Bewaffnung des Piratenschiffs übertraf sogar die gut gerüstete *Lotosblüte*. Mirko flog gewagte Ausweichmanöver und feuerte mit allem, was er hatte, zurück. Er konnte ihnen immerhin eine frontseitige Raketenwerfer-Phalanx wegpusten. Sie schienen allerdings noch einiges in Reserve zu haben. Die angeschlagene *Lotosblüte* musste Treffer um Treffer einstecken.

Schon wieder! Diesmal war es kritisch, durch ein kleines Leck in der Außenhülle entwich Luft.

Mirko gab sofort Alarm: »Hüllenbruch in Vorratsraum C! Sancho, Zena, in die Raumanzüge! Innentür versiegeln!«

Während er draußen den Kampf gegen die *Fenriswolf* fortsetzte, beobachtete Mirko durch die Innenkameras, wie Sancho und Zena in die Raumanzüge schlüpften. Sancho trieb eine stabile Platte auf, die er dann, von Zena unterstützt, mit rasch aushärtendem Isolierschaum auf die dünne Zwischentür pappte.

Inmitten der Hektik orteten Mirkos Sensoren ein ungewöhnliches Funksignal, dessen Quelle direkt an der Außenhülle der *Lotosblüte* sitzen musste. »Achtung, ich habe einen Störsender oder so etwas an der Hülle, gleich neben der steuerbordseitigen Luftschleuse. Die dortige Kamera haben sie mir schon weggeschossen. Könnt ihr euch das ansehen?«

Zena meldete sich sofort. Mirko erinnerte sich, dass sie keine Gelegenheit für Außeneinsätze ausließ. Er warnte sie: »Geh aber nicht ganz hinaus, sonst gerätst du mitten in alle Schusslinien. Du sollest bei offener Tür das Zielobjekt sehen können, wenn du dich ein wenig hinausbeugst.«

Während Zena zur Luftschleuse hastete, bekam Mirko einen Funkspruch: »Karrzha-Kampfeinheit 38 im Anflug. Nicht schießen, wir haben den Auftrag, die *Fenriswolf* zu zerstören.«

»Hurra!«, jubelte er. »Die Kavallerie ist da!«

Zena fragte: »Was heißt Kavallerie?«

»Keine Ahnung, das habe ich einmal wo gehört. Das sagt man so.«

Zena lachte und berichtete: »So, ich bin jetzt in der Schleuse. Innenschott zu, Dekompression eingeleitet. Ich öffne die Außentür. Moment, draußen klebt was an der Wand, etwas ganz Kleines, nicht einmal einen Zentimeter lang. Ich zoome mit meiner Augenkamera hin und schick dir das Bild.«

Mirko wusste sofort Bescheid. »Ich kenne diese Dinger. Das ist eine Drohne zum Abhören von Funkverkehr. Solange sie nur aufnimmt, kann man sie fast nicht orten, erst, wenn sie ihre Aufzeichnungen weiterschickt. Die müssen uns die Piraten schon bei Elysium verpasst haben. Zena, das ist eine gute Übung im Zielschießen.«

»Das werden wir gleich haben. Schade, dass ich meinen Zungenlaser nicht einsetzen kann.« Zena schickte Mirko das Bild ihres Kameraauges live. Sie visierte mit der Strahlenwaffe an und traf auf Anhieb.

»Guter Schuss, Zena! Aber jetzt komm wieder herein. Die Piraten schießen noch immer. Sancho, wie geht's dir?«

»Die verstärkte Innentür hat noch ein wenig Luft hinausgelassen. Ich hab jetzt eine Folie drübergeklebt. He, was soll das?«

Sancho krachte an die Wand, als ein Treffer das Raumschiff durchschüttelte.

Mirko fluchte: »Verdammt, das waren die Karrzha! Haben die jetzt die Seiten gewechselt?«

»Karrzha-Schiff hier! Fliegt ein wenig zur Seite, damit wir freie Schussbahn haben.«

»Nichts lieber als das. Achtung, Leute, festhalten!«

Sein Ausweichmanöver kam im richtigen Moment, denn auch ein von der *Fenriswolf* kommendes Projektil zischte knapp vorbei, wieder einmal wurde eine Landekufe weggerissen.

»Mist!«, rief Mirko. »Die Ameisen sollen schnell machen. Lang halten wir nicht mehr durch.«

46 | Knut in Aktion

»Gleich haben wir sie!« Zufrieden sah Knut auf dem Hauptbildschirm, dass die *Lotosblüte* bereits einige Blessuren davongetragen hatte. »Jetzt kommt der Todesstoß. Feuer!«

»Feuer!« Grit meinte aber etwas anderes. »Es brennt.« Hastig flüchtete sie von ihrer Konsole, aus der plötzlich Flammen schlugen.

»Verflucht!«, rief Knut. »Wo kommt denn das her?«

Ein anderes Besatzungsmitglied antwortete: »Ein zweites Schiff greift an! Die Backbordplasmaleitung hat's erwischt.«

»Wer sind denn die? Grit, ruf sie!«

Aus dem Lautsprecher tönte: »Wir sind Karrzha. Wir werden euch zerstören.«

Knut war nahe daran, die Nerven zu verlieren. »Die verdammten Kakerlaken! Das auch noch! Wo kommen die denn auf einmal her? Richtet die Backbordgeschütze auf die Viecher, die Steuerbordgeschütze auf die *Lotosblüte!* Grit, flieg noch ein Ausweichmanöver, und dann Feuer frei!«

Sie gaben eine Salve ab, dann meldete der Bordschütze: »Wir haben nichts mehr. Die Hälfte der Waffen ist leer, die andere in Fetzen geschossen.«

Knut wurde ganz ruhig. Sie waren am Ende. Sie hatten nur noch Minuten zu leben, vielleicht Sekunden.

Doch eine letzte Aktion sollte sich noch ausgehen. Er drängte Grit vom Steuerpult weg und programmierte einen Kollisionskurs auf das Karrzha-Mutterschiff an der Oberfläche.

Die anderen erkannten entsetzt, was er vorhatte.

»Knut!«, schrie Grit. »Willst du uns alle umbringen?«

»Ach was, sterben müssen wir sowieso! Nehmen wir wenigstens noch möglichst viele von den Biestern mit!«

Alle Crewmitglieder stürzten sich auf ihn und zerrten ihn von der Steuerung weg. Grit übernahm und leitete sofort ein Bremsmanöver ein. Sie öffnete einen Funkkanal und gab durch: »*Fenriswolf* an Karrzha! Wir ergeben uns. Feuer einstellen!«

Knut war außer sich. Diese Weicheier! Er wand sich unter dem Griff seiner Mannschaftskollegen, hatte gegen die Übermacht aber keine Chance.

Es war ohnehin zu spät. Auf dem Hauptbildschirm sahen sie eine Lenkwaffe direkt auf die *Fenriswolf* zukommen. Das Geschoss wurde rasch größer und schlug auf. Knut bekam noch mit, wie grelle Weißglut den Raum erfüllte, begleitet vom ohrenbetäubenden Donnern der Explosionen. Die Hitzewelle, die ihm in Sekundenbruchteilen das Fleisch von den Knochen brannte, spürte er schon nicht mehr.

47 | Die Schatzinsel

»So, wieder einer. Scheiße, sind die schwer! Das artet ja richtig in Arbeit aus. Verdammt, ich hätte doch wen mitnehmen sollen.«

Von ihrem Versteck aus hörte Ines, wie der Pirat leise vor sich hinfluchte, während er die Synchronitbehälter aus der Höhle zerrte. Zu ihrem Glück hatte er ihren Anflug nicht bemerkt, dadurch hatte sie das Überraschungsmoment auf ihrer Seite. Sie wollte aus dem Hinterhalt hervorpreschen und ihn sofort erschießen. Sie überprüfte ihre Strahlenpistole, sprang aus der Deckung und legte an.

Aber bevor sie abdrücken konnte, durchzuckte ein stechender Schmerz ihr Bein, ausgehend von der infizierten Stelle. Das Gelenk knickte ein, der Schuss löste sich und ging daneben. Finn drehte sich blitzschnell herum und feuerte in gut eingeübtem Reflex zurück, Ines hechtete wieder hinter den Felsen. Vorsichtig lugte sie auf der anderen Seite durch das Gebüsch, sah aber keinen Finn weit und breit, nur die Fässer vor dem gähnend schwarzen Höhleneingang.

Angst stieg in ihr hoch. Die Überrumpelung war gründlich daneben gegangen. Sie war nach ihrer Krankheit noch geschwächt, und sie hatte es mit einem überaus kräftigen, kampferprobten Gegner zu tun. Ihre Chancen standen schlecht.

Doch sie kannte inzwischen auch seine Schwachstellen. Sie musste ihn provozieren, sein Ego herausfordern. Sie rief: »Was ist, Finn? Hast du Angst vor mir? Komm heraus, wenn du dich traust!«

»Ines! Du bist es? Du lebst?«

Durch das Gebüsch sah sie Finn auftauchen und nahm ihn sofort unter Beschuss. Die Antwort ließ nicht auf sich warten. Das Geschoss aus Finns Projektilwaffe prallte knapp neben Ines mit singendem Geräusch vom Felsen ab.

»Du bist erledigt, Ines! Niemand nimmt mir etwas weg!«

»Dann pass besser auf deine Sachen auf!« Ihr nächster Schuss ließ die Felswand neben der Höhle aufglühen, Geröll rieselte herunter. Aber von ihrem Gegner war nichts zu sehen. Ines überlegte fieberhaft. Welche Teufelei hatte der gerissene Gauner als Nächstes im Sinn? Sie verließ den Platz hinter dem Felsen und rannte weiter weg von der Höhle, den Schmerz im Bein ignorierend. Hinter einem mächtigen Baumstamm suchte sie Schutz.

Das war gerade rechtzeitig gewesen, mehrere Schüsse schlugen genau dort ein, wo sie eben noch gelauert hatte. Finn hatte sich seitlich angeschlichen und hätte sie ohne Deckung erwischt.

Diesmal war sie noch davongekommen, doch ihre Kräfte schwanden. Heißer, pochender Schmerz durchzuckte ihr Bein. Sie würde nicht mehr lang durchhalten. Schon näherten sich die Schritte des Feindes. Sie musste sofort handeln. Sie spähte hinter dem Baumriesen hervor und schoss. Unmittelbar darauf spürte sie ein Brennen, ihre Waffe flog ins Gestrüpp. Finns Schuss hatte ihre Hand gestreift und eine blutende Wunde hinterlassen.

»So, meine Liebe!«, höhnte er. »Jetzt probier einmal, mich umzubringen!«

Jetzt half nur noch der Mut der Verzweiflung. Ines verließ ihren letzten Schutz, lief auf Finn zu und rief: »Ich will dich doch gar nicht töten. Ich will dich vögeln!«

Finn stutzte einen Sekundenbruchteil. Dann rief er: »Ha, du glaubst wohl selbst nicht, dass ich ...«

Weiter kam er nicht. Ines hatte sein Zögern genutzt und war weiter gerannt. Mit ihrem gesunden Bein stieß sie sich vom Boden ab, mit dem anderen fegte sie im Sprung Finns Waffenhand zur Seite. Noch in der Luft packte sie seinen Kopf mit beiden Händen, und mit ihren letzten Kraftreserven, unterstützt vom Schwung der Bewegung, drehte sie ihn zur

Seite, bis es im Hals hörbar knackte. Zusammen schlugen beide Körper hart auf.

Mit schmerzendem Bein und angeschossener Hand lag Ines zitternd auf dem Boden. Sie fühlte sich fast so tot wie der Leichnam, der neben ihr lag. Es war nicht das erste Mal, dass sie gezwungen war, zu töten. Die Zeiten waren rau. Aber so direkt zu spüren, wie die eigenen Hände ein anderes Leben auslöschten, war eine neue Erfahrung, auf die sie lieber verzichtet hätte.

Bei Harry hatte noch Sri die Schmutzarbeit übernommen, auch damals hatte sie ihren Liebhaber sterben sehen. Nein, für Männer hatte sie in letzter Zeit keine gute Hand bewiesen.

Immerhin war ihr dieser Kerl nicht völlig zum Verhängnis geworden. In der letzten, entscheidenden Phase des Kampfes hatte sie eine Technik aus dem Null-*g*-Jiu-Jitsu angewandt, die auch in der Schwerkraft funktioniert hatte, in der kurzen Zeit des freien Falls während des Sprungs. Ines hatte sich trotz ihrer Erschöpfung gerade noch kräftig genug abstoßen können, um sich diese paar Sekunden zu verschaffen.

Sie wusste nicht, wie lange sie so dalag, immer der Ohnmacht nahe und wahrscheinlich zeitweise tatsächlich ohne Bewusstsein. Schließlich wurde sie durch ein Geräusch aufgeschreckt und blickte auf. Eine Karrzha-Einheit war neben Finns Shuttle gelandet. Sri und zwei Karrzha stiegen aus. Sie trugen Ines, die sich kaum bewegen konnte, in die Flugeinheit. Beim Rückflug versorgte Sri ihre Wunden und erzählte ihr, dass die *Fenriswolf* zerstört war. Das war eine gute Nachricht! Ines fiel ein Stein vom Herzen.

Nun spürte sie auch, wie sie langsam wieder zu Kräften kam. Sie begann stockend, zu reden. Nach und nach erfuhren die Insektoiden, was geschehen war.

Abschließend wandte sich Ines an Sri: »Jetzt hast du für deine Studien über die Menschen eine weitere Eigenheit unserer Spezies kennengelernt. Menschenmänner lassen sich mit Sex oder auch nur dem Gedanken daran leicht ablenken und verwirren. Diese Tatsache hat mir das Leben gerettet.«

»Und das Männchen, gegen das du gekämpft hast, das Leben gekostet«, ergänzte eine der Karrzha. »Diese Verhaltensweisen machen auf uns einen ausgesprochen irrationalen Eindruck. Wir beide sind weder Königinnen noch Männer, sondern geschlechtslos wie der Großteil des Schwarms. Alle mit der Fortpflanzung zusammenhängenden Instinkte sind bei uns kaum ausgeprägt.«

Die andere fuhr fort: »Wir fragen uns, ob uns da etwas entgeht, es wird von großer Lust und Euphorie berichtet. Andererseits wissen wir auch von aggressiven Balzkämpfen und von einer gewissen Trübung der Urteilskraft im Zusammenhang mit der geschlechtlichen Fortpflanzung, so wie in diesem Fall. Es bleibt uns also auch einiges an Unannehmlichkeiten erspart.«

»Ja.« Ines nickte müde. »Ihr seid schon in Ordnung, so wie ihr seid. Etwas mehr Gleichmütigkeit in diesen Dingen würde auch uns Menschen manchmal guttun.«

48 | Eine folgenreiche Entdeckung

»Karrzha, sind alle Anschlüsse verbunden?«, fragte Sri.

Nachdem sie keine individuellen Namen hatten, war sie mit den drei Karrzha übereingekommen, einfach alle gleich anzureden. Irgendwie schaffte es immer das richtige Individuum, sich angesprochen zu fühlen.

Gemeinsam arbeiteten sie an der Replikationsanlage aus dem Sculptor-System. Sie wurde gerade nicht für die Krankenstation gebraucht, deshalb hatte Sri den ehrgeizigen Plan gefasst, doch noch die Vermehrung von Synchronit zu versuchen. Die ersten Versuche waren gescheitert, Sri hatte den Karrzha-Schwarm um Hilfe gebeten. Drei der Ameisenwesen waren gekommen und hatten einen leistungsfähigen Computer mitgebracht. Wie Sri fasziniert erfuhr, arbeitete das Gerät mit lebenden, in einer Nährlösung kultivierten Nervenzellen. Sie waren vor Jahrhunderten wurmähnlichen Tieren vom Heimatplaneten der Karrzha entnommen und seither gezielt weitergezüchtet worden.

Die Ameisen hatten ihren Biocomputer mit der Steuerung des Replikators verbunden, gemeinsam analysierten sie die

Programmierung. Sri hatte, unterstützt durch die intelligente Karrzha-Maschine, den vertrackten Code in eine übersichtliche Form gebracht und sah in einer plötzlichen Erleuchtung die Lösung ihres Problems: »Ich fasse es nicht! Das ist ja ganz einfach!«

Die Karrzha fragten nach: »Was hast du gesehen?«

Sri zeigte es ihnen. »Seht ihr, hier müssen wir ansetzen. Es ist eine einzige Ja-Nein-Entscheidung, die wir ändern müssen. Da oben ist ein Modul standardmäßig deaktiviert. Wenn wir es einschalten, sollte die Maschine Synchronit vermehren können. Sie konnte es immer, diese Fähigkeit war aber gezielt blockiert worden.«

Vom Ratsgebäude kommend, war Istra zu ihnen gestoßen und gab zu bedenken: »Ich hoffe, du weißt, was du tust. Der Replikator sollte auch nach euren Experimenten die medizinisch nötigen Substanzen noch vermehren können. Das ist sein eigentlicher Verwendungszweck.«

»Wenn ich es richtig verstanden habe, dürfte das kein Problem sein. Ich versuche es.«

Sri gab die entsprechenden Befehle in den Karrzha-Computer ein, der sich hervorragend als Schnittstelle zum Replikator eignete.

»So, wir können testen. Istra, holst du bitte ein paar Gramm Synchronit?«

Abgesehen von einem kleinen Rest für Forschungszwecke hatte die *Lotosblüte* das Synchronit wieder an Bord genommen, worauf sich die Stimmung in der Kolonie rasch beruhigt hatte. Die Menschenfreunde bestimmten wieder den Kurs im Rat.

Sri war geblieben, vor allem, um das Schwarmleben zu genießen, das inzwischen wieder in friedlicheren Bahnen verlief, aber auch wegen des Synchronitprojekts, bei dem sie endlich kurz vor dem Durchbruch stand.

Tatsächlich war der Replikator nach der Umprogrammierung noch voll funktionstüchtig und bestand auch alle Tests beim Replizieren der Synchronitproben.

Sri jubelte: »Wir haben es! Wir haben das Geheimnis des Synchronits gelüftet! Wir besitzen den Schlüssel zur gesamten interstellaren Raumfahrt. Das Schicksal der Menschheit liegt in unserer Hand, in der Hand ihrer früheren Sklaven!«

Die Karrzha ließen sich, ihrem gleichmütigen Charakter entsprechend, von Sris Begeisterung nicht anstecken. Sie äußerten eine Vermutung: »Wenn im Sculptor-System die Synchronitherstellung bekannt war, dann könnte es sein, dass das gesamte bisher verwendete Synchronit von dort kommt.«

Sri bestätigte: »Das wäre gut möglich. Es könnte auch Anlass für die verheerenden Auseinandersetzungen gewesen sein, deren Spuren wir dort gesehen haben. Aber jetzt liegt es an uns, mit diesem Wissen gut umzugehen. Wir sollten das Verfahren geheim halten, sonst geht es wieder los mit Piraten, Mafiasippen und Kämpfen. Wenn wir kleine Mengen in Umlauf bringen, sollte es nicht auffallen, und meine Freunde von der *Lotosblüte* hätten eine ständige Einnahmequelle. Das wäre auch gerecht, denn ohne sie wäre dieser Durchbruch nicht möglich gewesen.«

49 | Kollektive Entscheidung

Das Zusammenleben mit anderen intelligenten Wesen war eine schwierige Sache. Sowohl die Menschen als auch die Ortho stellten den Karrzha-Schwarm immer wieder vor Entscheidungen, bei denen das Kollektiv in einem längeren Prozess das Für und Wider sorgfältig abwägen musste. Erst war es um die Vernichtung oder Unterwerfung der Menschen gegangen, dann um den Umgang mit den Ortho auf Neuirland, der neuen Heimat des Schwarms. Später waren wieder die Menschen das Problem gewesen, mit ihren krassen individuellen Unterschieden und ihren Konflikten untereinander.

Nun hatte ein Forschungsteam das Geheimnis der Synchronitherstellung gelüftet. Die herausragende Bedeutung dieser Entdeckung war den Karrzha sofort klar geworden. Bisher war Synchronit ein rares Gut gewesen, ein begrenzender Faktor für die Raumfahrt der Menschen. Die Ortho hatten vorgeschlagen, das Verfahren geheim zu halten. Synchronit wäre weiterhin knapp und teuer, und das käme der Ortho Sri und ihren zweibeinigen Freunden von der *Lotosblüte* zugute, die sich als friedliebend und insektoidenfreundlich herausgestellt hatten.

Aber das Studium der Menschen und ihrer Geschichte zeigte auch viel Einzel- und Gruppenegoismus und Gewaltbereitschaft. Eine der häufigsten Ursachen für bewaffnete Kämpfe war ungleicher Zugang zu begehrten Gütern und zu fortgeschrittenen Technologien. Das exklusive Wissen um die Synchronitherstellung barg also reichlich Zündstoff für Krieg und Kriminalität.

Das Kollektiv war länger als sonst damit beschäftigt, die Argumente zu analysieren und abzuwägen. Schließlich war die Entscheidung getroffen. Die Gruppe, die mit den Ortho gearbeitet hatte, informierte Sri: »Der Schwarm ersucht dich um ein Gespräch mit der Ausführenden Königin.«

Sri war einverstanden, sie wurde mit einer kleinen Flugeinheit abgeholt. Im neuen Domizil des Karrzha-Schwarms, das an vielen Stellen noch in Bau war, wurde sie zur Ausführenden Königin gebracht, die ohne Umschweife zur Sache kam: »Wir haben über deinen Plan nachgedacht, das Verfahren zur Synchronitherstellung geheim zu halten. Nach reiflicher Überlegung können wir diesem Vorhaben nicht zustimmen. Es würde zu viel Unfrieden verursachen. Die einzige Möglichkeit, die wir sehen, besteht darin, schnell viele Produktionsanlagen zu bauen und gleichzeitig möglichst allen Siedlungen der Menschen zu übergeben. Dann werden Kämpfe um dieses Privileg unnötig.«

Sri fragte nach: »Habe ich recht mit meiner Vermutung, dass über diese Entscheidung kein Verhandlungsspielraum mehr besteht?«

»Das ist richtig.«

»Ich bitte euch trotzdem, meine Bedenken anzuhören. Wenn auf einen Schlag alle von Menschen besiedelten Systeme über unbegrenzt Synchronit verfügten, nähme die interstellare Raumfahrt stark zu. Das hätte drastische Auswirkungen auf das Gesellschaftssystem der Menschen. Ich befürchte in diesem Fall neue Unruhen und neue Gewalt.«

»Wir sind zur selben Schlussfolgerung gekommen. Es wird begleitender Maßnahmen bedürfen. Wir lassen uns derzeit mit unseren Schwarmschiffen im gesamten Siedlungsraum der Menschen nieder. Wir sind ihnen technologisch und militärisch überlegen. Wir werden die Verantwortung, die sich aus unserer Vorherrschaft ergibt, wahrnehmen und unsere Präsenz als Ordnungsmacht in diesem Teil der Galaxie verstärken und ausbauen. So hoffen wir, die Entwicklung im Menschensektor in konstruktive Bahnen lenken zu können.«

»Das heißt, ihr werdet die Menschen beherrschen und unterdrücken?«

»Nein, nach wie vor ist Kooperation unser Ziel. Wir greifen nur ein, wenn diese nicht gewährleistet ist.«

50 | Gespräche am Wirtshaustisch

Aufmerksam lauschten Ines, Zena und Sancho Sris Erzählung. Sogar Barbesitzer Istvan war an ihrem Tisch stehen geblieben, um zuzuhören, und merkte an: »Wenn die Karrzha das durchziehen, wird sich hier bald so einiges ändern.«

Sancho meinte: »Immerhin ist ihnen zuzutrauen, dass sie die Sippenbosse entmachten. So wie bisher von Gangsterorganisationen regiert zu werden, war auch nicht das Gelbe vom Ei.«

»Hoffen wir nur, dass sich die Ameisen an ihr Versprechen halten und sich nicht als Unterdrücker aufspielen«, sagte Zena. »So etwas wie Individualität oder freie Entfaltung ist doch nicht ganz ihr Ding.«

Sri entgegnete: » Aber Herrschaft und Hierarchie auch nicht. In dieser Hinsicht brauchen wir uns wahrscheinlich keine Sorgen zu machen.«

»Wie auch immer sie vorgehen, wir werden es wohl schlucken müssen«, wandte Ines ein. »Diese hochgerüsteten Riesenschwärme sind uns Menschen so haushoch überlegen, dass jeder Widerstand zwecklos wäre. Aber wie geht's bei euch auf Neuirland weiter, Sri? Hat die Königin auch darüber etwas gesagt?«

»Ja, die Karrzha wollen ihr Ökosystem und das unsere schrittweise zusammenführen. Sie haben ja viel Erfahrung in Gentechnik und Biochemie. Sowohl Ortho als auch Karrzha sollen zum Beispiel die Nahrung der jeweils anderen vertragen können.«

Ines wandte ein: »Dafür müsste es bei beiden Spezies massive Eingriffe in die Erbsubstanz geben. Ist dagegen nicht Widerstand aus eurer Kolonie zu erwarten?«

»Ich glaube nicht«, antwortete Sri. »Wir haben nicht so viel Berührungsangst gegenüber genetischen Eingriffen wie ihr Menschen. Schließlich ist unsere gesamte Spezies ein Produkt der Gentechnik.«

Zena griff den Gedanken begeistert auf. »Großartig! Ihr könntet gleich ein Stück weiter gehen und eine neue Art schaffen, eine Mischung aus den besten Teilen von Heuschrecken und Ameisen, vielleicht sogar mit Implantaten aufgerüstet. Postinsektoide!«

Sri setzte zu einer Antwort an, doch Sancho deutete mit dem Kopf zur Tür: »Wenn man vom Esel spricht!«

Ines wusste zwar nicht, was diese Redensart zu bedeuten hatte, erkannte aber, was Sancho meinte. Zwei Karrzha kamen herein, drehten schweigend eine Runde und verließen die Bar wieder.

Istvan erklärte: »Sie machen jetzt regelmäßige Patrouillengänge. Sie reden nicht viel, aber wenn es irgendwo Stunk gibt, sind sie sofort zur Stelle. Wir haben nun insektoiden Polizeischutz.«

Das war ein Stichwort für Sancho: »Dazu kann ich euch eine Geschichte erzählen. Ihr erinnert euch sicher an den korrupten Hafenmeister. Der ist, während wir weg waren, immer dreister geworden mit bürokratischen Schikanen und Schmiergeldforderungen. Wir Geschäftsleute haben uns zusammengetan, wir wollten im Stationsnetz eine Kampagne zu seiner Absetzung starten. Aber die Karrzha haben Wind davon gekriegt und das Problem auf ihre Weise gelöst.«

»Und wie?«, fragte Ines.

»Sie haben ihn totgebissen.«

Gernot Schatzdorfer
DER LINDWURMPLANET
AndroSF 160
p.machinery, Winnert,
Februar 2023, 148 Seiten,
Paperback
ISBN 978 3 95765 315 4
EUR 15,90 (DE)
E-Book:
ISBN 978 3 95765 789 3
EUR 5,49 (DE)

Die »Albert Einstein« ist das erste Raumschiff, das die unermesslichen Entfernungen zu anderen Sonnensystemen überwinden kann. Ihre erste Mission führt sie in die Umlaufbahn um einen erdähnlichen Planeten.

Ein Shuttle landet auf der Oberfläche. Geplant ist nur eine kurze Ersterkundung, doch dann katapultiert ein Triebwerksfehler die »Einstein« aus dem Orbit. Die vier Besatzungsmitglieder des Landefahrzeugs müssen lernen, in einer fremden Welt zu überleben, wo sie faszinierende Pflanzen und Tiere, aber auch intelligente Lebensformen entdecken.

Diese Welt, der Planet der Lindwürmer, konfrontiert das Team mit ungeahnten Herausforderungen und tödlichen Gefahren.